ESCOLA DA PONTE
uma escola pública em debate

Coordenador do Conselho Editorial de Educação
Marcos Cezar de Freitas

Conselho Editorial de Educação
José Cerchi Fusari
Marcos Antonio Lorieri
Marli André
Pedro Goergen
Terezinha Azerêdo Rios
Valdemar Sguissardi
Vitor Henrique Paro

Dados Internacionais de Catalogação na Publicação (CIP)
(Câmara Brasileira do Livro, SP, Brasil)

Pacheco, José
    Escola da Ponte : Uma escola pública em debate / José Pacheco, Maria de Fátima Pacheco. -- São Paulo : Cortez, 2015.

ISBN 978-85-249-2360-9

1. Debates 2. Educação 3. Escola da Ponte (Portugal) 4. Escola pública 5. Pedagogia I. Pacheco, Maria de Fátima. II. Título.

15-05452   CDD-371.9469

Índices para catálogo sistemático:
1. Escola da Ponte : Debates : Portugal : Educação   371.9469

José Pacheco
Maria de Fátima Pacheco

ESCOLA DA PONTE
uma escola pública em debate

1ª edição
2ª reimpressão

ESCOLA DA PONTE: uma escola pública em debate
José Pacheco e Maria de Fátima Pacheco

Capa: de Sign Arte Visual sobre foto fornecida por José Pacheco.
Preparação de originais: Ana Paula Luccisano
Revisão: Geisa Oliveira
Composição: Linea Editora Ltda.
Coordenação editorial: Danilo A. Q. Morales

Nenhuma parte desta obra pode ser reproduzida ou duplicada sem autorização expressa dos autores e do editor.

© 2015 by Autores

Direitos para esta edição
CORTEZ EDITORA
Rua Monte Alegre, 1074 – Perdizes
05014-001 – São Paulo – SP
Tels. (55 11) 3864 0111 / 3611 9616
e-mail: cortez@cortezeditora.com.br
www.cortezeditora.com.br

Impresso no Brasil — janeiro de 2021

"Desaprender oito horas por dia ensina os princípios."
"A palavra falada não tem rascunho."

Manoel de Barros

Sumário

APRESENTAÇÃO 11

ENTREVISTA A PESQUISADORAS BRASILEIRAS 15

Um olhar exterior provoca muitas interrogações! 29

A autonomia conquista-se 34

    Uma organização promotora de uma autonomia
    responsável e solidária 34

    A Assembleia: um dispositivo de vivência democrática 35

    Os direitos e deveres: um processo de
    autorresponsabilização 44

    A Comissão de Ajuda na resolução de conflitos 47

    A "Caixinha de segredos": dispositivo de comunicação 52

    A escola como um dos parceiros da família 54

    Democracia implica responsabilidade 61

    Disciplina: mecanismos de autorregulação e/ou
    regulação participada 65

    Disciplina e limites: implicação na aprendizagem 74

    Afeto: investimento de longo prazo 80

    Uma autoridade construtiva 83

    Construção de identidade e relação com o saber 91

Dar visibilidade ao currículo: uma busca de significação das aprendizagens...... 93

O saber é integrado, quando incorporado no pensamento, na linguagem...... 95

O despertar da sensibilidade...... 97

Uma outra cultura de escola...... 100

A pessoa do professor...... 108

De professor a orientador educativo...... 111

O professor-tutor ajuda a "crescer" e cria laços com as famílias...... 114

E se falássemos de Currículo Oculto?...... 119

Qual o significado de Inclusão?...... 125

Respeito pelas diferenças...... 127

Um profissional da Psicologia em equipe de projeto...... 130

"E se fumar drogas leves na escola?"...... 132

A educação acontece na relação com o "outro"...... 133

O ato educativo é um ato de relação...... 133

Mudar: aprendendo a lidar com o desconforto...... 134

No "mundo real"...... 142

Em jeito de síntese...... 149

Algumas perguntas e três depoimentos...... 149

ANEXOS...... 163

Inventário de dispositivos...... 165

Mapa de dispositivos...... 166

Caracterização dos dispositivos...... 174

Perfil do Orientador Educativo...... 177

1. Relativamente à escola e ao projeto...... 177

2. Relativamente aos colegas...... 177

3. Relativamente aos alunos...... 178

Projeto Educativo "Fazer a Ponte"...... 179

Princípios Fundadores 179

I — Sobre os valores matriciais do projeto 179

II — Sobre alunos e currículo 180

III — Sobre a relevância do conhecimento e das
aprendizagens 181

IV — Sobre os Orientadores Educativos 182

V — Sobre a organização do trabalho 183

VI — Sobre a organização da escola 184

Regulamento Interno 186

Apresentação

Nascido da necessidade de repensar a escola e de um conjunto de situações interligadas, que provocaram interrogações quanto à sua organização, à relação entre escola e família e às relações estabelecidas com as instituições locais, o projeto "Fazer a Ponte" orienta-se por dois princípios básicos:

- o desenvolvimento de uma organização de escola que tem por referências uma política de direitos humanos que garanta as mesmas oportunidades educacionais e de realização pessoal a todos os cidadãos e a promoção, nos diversos contextos em que decorrem os processos formativos, de uma solidariedade ativa e participativa responsável;
- o desenvolvimento de relações estabelecidas entre a escola e a comunidade de contexto através da libertação e criação de redes de comunicação.

A realização desses princípios passou por uma valorização dos modos como se aprende e dos contextos onde se aprende. Perspectivando uma escola não uniformizadora, foram instituídos dispositivos (pedagógicos) promotores de uma autonomia responsável e solidária, com a finalidade de permitir à criança formar-se num processo de socialização criadora de uma consciência de si como ser social-com-os-outros e, bem assim, a agir como participante de um projeto comum.

Esses dispositivos comportam uma dinâmica de trabalho realizada num espaço de *área aberta*, no qual não há séries. Os alunos organizam-se em grupos formados à medida das necessidades de formação, sempre que surjam novos projetos. Movimentam-se entre espaços da escola em função das áreas de saber que em cada momento exploram, trabalhando com diferentes professores, desenvolvendo um trabalho que valoriza a reflexão, a capacidade de análise crítica e o componente de investigação.

É neste contexto que a avaliação é considerada um momento de oportunidade de aprendizagem e acontece quando o aluno quer, ou seja, quando este se sente pronto para explanar os saberes por si adquiridos/trabalhados através de diferentes instrumentos de avaliação. Para que tudo isso se tornasse possível, o regime de professor por turma ou disciplina foi substituído pelo trabalho em equipe de projeto.

A reunião em Assembleia é um momento de trabalho coletivo no qual cabe a introdução de temas de estudo, a discussão de alterações às regras instituídas, o debate de projetos e a resolução de conflitos. Os contatos com os pais são feitos sempre que o requeiram e/ou os professores considerem importante acontecer.

Pretendendo uma prática educativa afastada de um modelo dito "tradicional", a escola organiza-se segundo uma lógica de equipe e de projeto, estruturando-se a partir das interações entre os seus membros e de uma forte horizontalidade de relações. Acreditamos que uma prévia leitura aos documentos anexos a este livro (Projeto Educativo "Fazer a Ponte", Regulamento Interno, Perfil do Orientador Educativo, Inventário dos Dispositivos Pedagógicos) permitirá ao nosso leitor maior compreensão da complexidade do espaço escolar, das formas de negociação envolvidas na procura de um sentido coletivo e, numa lógica mais profunda, da articulação das intenções e dos desejos de mudança na ação. E, desse modo, interpretar com maior profundidade tanto as perguntas quanto as respostas elencadas neste livro, fruto de cursos feitos *on-line*, tendo como objeto de estudo o próprio projeto, sendo que muitos educadores se prontificaram a refletir sobre a sua práxis e partilhar seus saberes.

Como organizadores, o nosso papel apenas pretende estabelecer *pontes* entre os diálogos produzidos e que andavam dispersos. É neste sentido que gostaríamos que este livro fosse visto: como obra de um coletivo muito diverso, que reflete múltiplos olhares, múltiplas linguagens, porque são reflexo de vivências cotidianas. Gostaríamos de referir que os autores são alunos, ex-alunos, orientadores educativos, pais, pesquisadores. Todos vivenciaram diferentes momentos, diferentes sentidos, e o que nos poderá parecer *a priori* contraditório deverá ser lido como complementar.

Algumas das perguntas são mais extensas do que as respostas que lhes correspondem. Outras são ricas de conteúdo e dado conterem em si, por vezes, até as respostas, foi nossa, mais do que evidente, a missão de não as transfigurar. O exercício de escrita suscitou momentos de muita reflexão, traduzidos em inúmeras palestras e trabalhos acadêmicos sobre a Ponte, um pouco por todo o mundo. Esses autores permanecem anônimos. Importará para nós que esse anonimato se mantenha, uma vez que, como projeto humano, não reflete um esforço individual de um "ser providencial", é fruto de pessoas que se encontraram e partilharam propósitos comuns.

Neste trabalho, foi nossa intenção dar a palavra a todos aqueles que, ao longo de muitos anos, contribuíram, num discreto labor de trabalho em equipe, para transformar em realidade o que se afigurava um sonho. Dar voz aos que viveram, vivem e sofrem a Ponte, afirmando que a Escola da Ponte existiu e existe, num tempo e lugar de muitos encontros, desencontros, independentemente do *devir*.

Das perguntas que foram formuladas, uma fica sempre pairando no nosso espírito: "Quais os sonhos sonhados por vocês para o futuro da Escola da Ponte e o que falta realizar?" E a isso só poderemos responder: o projeto da Ponte é vida que recomeça em cada dia, em cada gesto...

José Pacheco
Maria de Fátima Pacheco

Entrevista a pesquisadoras brasileiras

▪ **Vocês passaram um bom tempo na Vila das Aves, observando a Escola da Ponte. Quanto tempo vocês passaram lá? E o que cada uma foi fazer lá? Isto é, para situar nossos leitores sobre o contexto da pesquisa de cada uma de vocês duas.**

Eu fiquei seis meses a acompanhar o cotidiano da Escola da Ponte. Na oportunidade, além das observações e da recolha de documentos, realizei 19 entrevistas com pais e mães de estudantes, com o Presidente da Comissão Instaladora, com o idealizador do projeto e com um grupo de Orientadores Educativos (é assim que os professores são chamados e nesse grupo incluem-se, também, as Coordenadoras dos Núcleos, o Coordenador do Projeto "Fazer a Ponte" e a Psicóloga).

Produzi um conjunto de dados que subsidiarão a elaboração da minha tese de doutoramento em educação. Enquanto estive em Portugal, a minha ligação acadêmica foi com a Faculdade de Psicologia e Ciências da Educação da Universidade do Porto, sob a orientação do Professor Doutor Rui Trindade.

Fiquei três meses em Vila das Aves, acompanhei a escola desde o início do ano letivo até as férias de Natal. Acho que fui à Ponte em busca de inspiração.

Eu era professora da PUC-Minas na época e estava a escrever um projeto de pesquisa intitulado "Práticas curriculares e a formação moral: a construção da ética no cotidiano escolar". Foi a partir do interesse por este tema que me aproximei das produções teóricas relativas à Escola da Ponte. Decidi que este poderia ser o objeto de estudo de um possível doutorado e que conhecer a Ponte seria a possibilidade de deixar emergir, a partir do ambiente escolar, ricas questões de pesquisa.

■ **A realidade educacional e social brasileira e portuguesa são bem diferentes. Não foi sempre assim. Há coisa de 30 anos, justamente quando a Escola da Ponte começou a desenvolver o tipo de trabalho que desenvolve hoje, Portugal tinha acabado de sair de uma ditadura, 80% da população vivia na linha ou abaixo da linha de pobreza. A história recente de Portugal é de crescimento econômico conjugado a progresso social. Quando a gente compara as duas realidades, portuguesa e brasileira, o que encontramos em comum? E quais as principais diferenças que vocês percebem entre a realidade e o sistema educacional português em geral e o brasileiro? Isto é, para situar nossos leitores no contexto geral da educação e da sociedade nos dois países.**

Comparar as realidades dos dois países é algo inevitável. Ao estar em Portugal, percebemos quanto ainda precisamos crescer. Lá pudemos conhecer melhor nossa história, compreender as raízes do nosso povo e até desvendar a nossa estrutura social. No contexto atual, percebi em Portugal um constante contraste. País desenvolvido, que compõe a União Europeia e que já consegue dar condições básicas de vida para sua população (saúde, saneamento básico, educação, transporte etc.), algo que o Brasil ainda busca alcançar. No entanto, ao se comparar aos outros países da Europa, era comum perceber nos discursos portugueses a sensação de estarem "parados no tempo", de não conseguirem as taxas de crescimento alcançadas pela Espanha, de revelarem os piores índices educacionais e econômicos em relação aos países-membros da comunidade. Esse incômodo era bastante visível e também se refletia nos discursos educacionais. Foi então que percebi no discurso dos professores portugueses falas parecidas com as dos nossos professores brasileiros, é claro que em diferentes proporções: necessidade de melhores salários e condições de trabalho, maior apoio do Ministério da Educação, constante busca pela autonomia etc.

É evidente que Portugal já alcançou índices de escolaridade muito superiores ao Brasil, um ensino público muito mais estruturado, mas foi interessante perceber a preocupação de alguns teóricos da educação no que se referia à constante procura pelo ensino particular, algo que também já é percebido em outros países da Europa. Essa busca, segundo algumas análises, vem ocorrendo em função dos movimentos migratórios. Filhos de imigrantes começam a ocupar as escolas públicas, levando, principalmente as classes altas e médias, a procurarem o ensino particular.

Indiscutivelmente, a história de Portugal divide-se entre antes e depois da Revolução dos Cravos, do 25 de abril de 1974, que pôs fim à ditadura iniciada em 1926. O 25 de abril é nome de ruas, de pontes, de escola, de praça, entre outros, dada a sua importância para aquele país. Hoje, Portugal situa-se entre os países emergentes e é aí que percebo como sendo a principal aproximação com a realidade brasileira, pois não há como compararmos os dois países, por exemplo, em termos demográficos, sobretudo pela desproporção territorial, desencadeadora de outras diferenças. Entretanto, notadamente, um grande percentual da população brasileira ainda reclama o atendimento às suas necessidades básicas e isso nos impõe um enorme atraso. No que diz respeito aos sistemas educacionais dos dois países, um dado faz uma enorme diferença: a escola pública estatal portuguesa não é a escola de quem não pode pagar a particular, como acontece no Brasil. Lá, a escola particular é de fato uma alternativa, utilizada por menos de 4% da população. Pelas baixas taxas de natalidade, em Portugal, salvo raras exceções, não há escolas nem salas de aula superlotadas, inclusive tem-se verificado o fechamento de algumas, por falta de alunos. No Brasil, há muitos casos de escolas ociosas pela baixa qualidade do seu desempenho e/ou por terem sido edificadas em bairros em que já não existe demanda.

A Lei de Bases da Educação de cada país apresenta as suas especificidades, assim como as Orientações Curriculares Nacionais, mas percebo que a lei brasileira permite mais abertura para a vivência de projetos político-pedagógicos diferentes, voltados para a formação do cidadão. Ressalto que o Brasil está bem mais a frente quanto à aceitação da educação escolar como instrumento político de luta pelas transformações sociais, tanto é que em Portugal se diz projeto educativo e não projeto político-pedagógico. No Brasil, a Lei de Diretrizes e Bases da Educação (LDB) estabelece que as escolas devem ter autonomia pedagógica e administrativa para gerir os seus processos, mas impõe instrumentos de controle que, associados à apatia da maioria dos profissionais e das famílias dos estudantes, fazem com que se tenha uma autonomia apenas na letra. Beneficiando-se de um Decreto-Lei, em fevereiro de 2005, a Escola da Ponte assinou o seu Contrato de Autonomia, entrando para a história como sendo a primeira de Portugal. No mais, assim como no Brasil, Portugal vive o problema da falta de estrutura e da escassez de material didático, da baixa assiduidade dos professores, entre outras misérias educacionais, como costumo referir-me à mediocridade do nosso sistema escolar.

■ **Eu passei seis meses na Vila das Aves, minha filha foi aluna da Escola da Ponte. Muita coisa que eu vi acontecendo diariamente lá eu já tinha alguma noção de como era, pois tinha lido nos artigos do Rubem Alves e em algumas matérias na imprensa, bem como já tinha ouvido o prof. José Pacheco falar, no Brasil. Imagino que vocês também. Mesmo tendo já alguma informação prévia, a gente sempre se surpreende ao ver as coisas acontecendo do jeito que acontecem lá. Qual foi o primeiro impacto que cada uma de vocês teve, quando chegou à Escola da Ponte, logo nos primeiros dias? O que mais chama a atenção quando a gente chega à Ponte?**

A singularidade da construção pedagógica realizada na Escola da Ponte abriga um processo de produção intelectual dos seus atores, que talvez só possamos nos dar conta da sua verdadeira importância passado o período de um certo apelo mitológico. O Projeto Fazer a

Ponte, tanto no que diz respeito aos princípios quanto às práticas, não deixa de ser tributário de um quadro teórico e conceitual com base em trabalhos de estudiosos do fenômeno educacional escolar e do desenvolvimento humano. Entre estes, incluem-se Célestin Freinet e os educadores que fazem parte do Movimento de Escola Moderna (MEM). As aproximações entre os princípios e alguns dos dispositivos pedagógicos da Escola da Ponte, com aqueles presentes no trabalho de Freinet e do MEM, contribuíram para atenuar os impactos, ao tomar contato com o cotidiano da Ponte, haja vista as minhas pesquisas e experiências pedagógicas de dez anos, utilizando a pedagogia Freinet como referencial. Entretanto, destaco duas coisas: primeiro o peso dado à formação de hábitos e atitudes imprescindíveis ao cidadão, colocada em posição de igual importância à instrução. Se calhar, como dizem os portugueses, reside aí o segredo que faz da Ponte uma instituição com muito menos problemas de "indisciplina".

Segundo, o empenho dos professores na incansável tarefa de circularem pelos grupos de trabalho a orientarem os alunos em seus trabalhos. Pensei: nossa, eles não sentam nunca! Para que se tenha uma ideia, nos espaços não há mesa nem cadeira para o professor.

Muitas coisas chamam a nossa atenção ao chegarmos à Ponte. Para mim, o primeiro impacto foi o "portão da rua". Cheguei à escola numa segunda-feira à tarde, horário de aula, e o portão de acesso à escola estava completamente aberto. Achei que alguém tinha esquecido de fechar ou até mesmo de trancar.

Lembrei-me das escolas em que trabalhei e convivi no Brasil, o portão sempre estava trancado, de preferência com cadeado, deixá-lo aberto era uma falta grave. Logo ao entrar na Ponte, é claro que fechei o portão! No entanto, percebi que nos outros dias ele continuava aberto, qualquer um poderia entrar ou sair. Esse era o espírito! Era justamente por essa abertura que eu e tantos outros colegas brasileiros conseguiam ali entrar.

Também não posso deixar de citar o impacto no que se relaciona ao respeito à palavra. Qualquer um pode solicitar falar, tendo a garantia de que será escutado em silêncio. O simples gesto de levantar o dedo era respeitado por todos. Perceber que até os alunos da iniciação já reivindicavam o direito de trabalhar com pouco barulho e escutar a música era algo que muito me emocionava. *"Não é preciso tanto barulho para trabalhar, não consigo escutar a música"* — fala dos alunos da iniciação. Poderia falar de muitos outros impactos, mas acho que esses foram os primeiros.

■ **Uma figura pouco conhecida de brasileiros e que encontramos na Ponte é a do "professor-tutor". Assim que minha filha entrou na escola, foi designada uma professora-tutora que a acompanhou até o final do ano letivo. Na Inglaterra, no ano letivo seguinte, também foi assim: um professor-tutor foi designado para a acompanhar na escola. Parece ser comum no contexto educacional europeu. Vocês poderiam contar para brasileiros o que é e o que faz o professor-tutor na Escola da Ponte?**

O tutor cumpre um papel fundamental no contexto do projeto "Fazer a Ponte", pela possibilidade que se cria de um efetivo e afetivo acompanhamento da trajetória de cada estudante. No começo das atividades de cada ano, os estudantes apontam nomes, entre os orientadores educativos, que gostariam de ter como tutores. A equipe analisa os nomes e os definem.

Cada professor assume entre oito e doze tutorados e passa a acompanhar toda a sua trajetória na escola e até mesmo extraescola, estabelecendo as comunicações com as famílias deles ou instituições que os recebem, dependendo do caso. Assim, na Ponte, não são os coordenadores que conversam com os responsáveis pelos estudantes, tampouco são os coordenadores que são procurados para tratarem de situações que envolvem os educandos, mas os professores-tutores.

Todas as quartas-feiras, na parte da manhã, os professores-tutores reúnem-se com os seus tutorados e com eles analisam as atividades realizadas, tomando como referências os planos de trabalhos quinzenal e diários. É o momento para orientá-los e até mesmo propor trabalhos para casa que contribuam para as aprendizagens e, assim, para que atinjam os objetivos.

Quando há necessidade, os professores dirigem-se ao professor-tutor para se informarem sobre o desempenho de determinado tutorado, sobretudo quando inspira maiores preocupações. Quando há um problema com um estudante, é sempre o seu professor-tutor que é chamado, informado e é também quem faz a mediação, para que se chegue a uma solução. O professor-tutor estabelece um vínculo de muita proximidade com o estudante e com os seus responsáveis, desburocratiza os procedimentos usuais que marcam a estrutura hierarquizada na escola. Ganham os estudantes!

■ **A primeira coisa que minha filha aprendeu a fazer na Escola da Ponte foi a elaborar e seguir seu plano de estudos quinzenal. Cada criança elabora um, segue esse plano, marca objetivos alcançados e os ainda por alcançar. Vocês poderiam contar para nós o que é esse plano e como ele é usado no dia a dia das crianças na escola?**

Posso caracterizar o plano como o instrumento utilizado para gerenciar as aprendizagens durante a quinzena escolar. Esse plano, confeccionado e avaliado pelos alunos às quartas-feiras, sob a orientação do professor-tutor, contém os objetivos selecionados a partir do currículo, as atividades que serão realizadas, as tarefas dos grupos de responsabilidade, as tarefas dos projetos.

A elaboração do plano torna-se um elemento fundamental para a organização da Ponte, pois os alunos chegam pela manhã nos espaços de trabalho e já sabem que precisam elaborar o seu plano do dia a partir do plano da quinzena, o que permite maior autonomia na gestão da aprendizagem. No final de cada quinzena, acontece uma espécie de autoavaliação, na qual os alunos podem registrar os objetivos alcançados, aquilo que gostaram de fazer ou mesmo aquilo que sentiram dificuldade.

A Ponte trabalha com dois tipos de plano: o quinzenal e o diário. Eles são um importante dispositivo para favorecer a autonomia das crianças e adolescentes, assim como garantir a pessoalidade. Com os planos, perde-se o caráter massificado dos encaminhamentos que marcam outras escolas e ganha-se com a gestão do currículo a partir das necessidades e ritmo de cada estudante. Com exceção das crianças de 6 ou 7 anos, que estão chegando à escola e que ficam num espaço específico, os demais organizam os seus planos quinzenais contando com a ajuda dos orientadores educativos. Numa grelha[1] eles os elaboram, seguindo alguns passos, baseiam-se nos conteúdos que já trabalharam e os que estão por ser trabalhados, tendo em vista os objetivos previstos no currículo oficial para cada disciplina. Aliás, as relações com os objetivos ficam dispostas nos espaços, separados por áreas e também os projetos de pesquisa. Estes últimos são mais presentes entre os que estão no Núcleo de Consolidação.

Os professores dispõem de mapas em que vão registrando os objetivos já trabalhados por cada estudante e medeiam o momento de elaboração do plano quinzenal. Com base no da quinzena, nascem os planos diários, que são organizados por cada estudante, no início da manhã e avaliados ao final. Para cumpri-lo, o trabalho se dá através do estudo em livros, manuais, fichas, pesquisa na internet, ou seja, os recursos que se mostrarem mais coerentes. Os professores circulam pelos grupos, orientando quando necessário.

■ **Uma coisa que me surpreendeu quando estive na Ponte, em 2004, foi o número de crianças em situação de risco que a escola atendia. Das aproximadamente 250 crianças que lá estudavam naquele ano, cerca de um quinto vinha de contextos sociais e familiares bastante problemáticos. Isso me surpreendeu, porque eu imaginava que as crianças da Ponte seriam, de alguma forma, diferentes de outras crianças, que a gente tem em nossas escolas, no Brasil. O que vocês observaram com relação a isso? Que diferenças e que semelhanças vocês perceberam nas crianças da Ponte em relação a crianças das escolas brasileiras ou mesmo de outras escolas portuguesas?**

Quando retornei ao Brasil, os últimos dados davam conta de que aproximadamente 30% das crianças e adolescentes tinham algum tipo de problema de ordem psicossocial, neurológico, orgânico ou emocional.

---

1. O mesmo que grade, planilha.

Algumas delas têm a Ponte como a última chance, em função de já terem passado por outras instituições. O número crescente de estudantes com tais realidades tem sido motivo de preocupação por parte da comunidade escolar, tanto quanto a representação que tem se construído de que a Ponte é uma escola de "crianças-problema", além da necessidade de a Escola responder pedagogicamente às necessidades de todas elas, o que não é tarefa fácil. Excetuando-se o fato de na Ponte as crianças serem oriundas de diferentes contextos socioeconômicos, à partida, diria que não percebo tantas diferenças entre as crianças da Escola da Ponte e as que estão em nossas escolas brasileiras. Mas, quanto aos processos de formação, afirmo que são completamente diferentes e, consequentemente, os resultados também o são.

Realmente, a Ponte recebe uma grande quantidade de crianças em situação de risco pessoal e social, crianças que demonstram agressividade e necessidade de cuidados bastante específicos. Casos muito parecidos com os das nossas crianças brasileiras que frequentam, principalmente, as escolas públicas.

Nos momentos em que lá estive, percebi, inclusive, que algumas crianças recém-chegadas traziam certa instabilidade para o ambiente socioemocional da escola, crianças ainda pouco integradas com a forma de trabalho da Ponte e que desafiavam os docentes. Percebia o grande investimento dos professores-tutores na relação com essas crianças, o que evidenciava que especialmente através da afetividade seria possível uma maior integração. No entanto, diferentemente dessas crianças, outras demonstravam ter internalizado a proposta da escola, demonstravam que a Ponte deixa marcas muito particulares nos seus alunos. Crianças e adolescentes que, inclusive, questionavam algumas posturas docentes e que reivindicavam o direito de falar aquilo que pensavam.

A esperança é de que esses alunos consigam dar continuidade àquilo que aprenderam e que reconstruam a Ponte em qualquer lugar.

Estive também em outras duas escolas portuguesas (particulares). Nelas não encontrei nenhum caso parecido com os da Ponte, o que demonstra a situação peculiar em que a escola se encontra.

Quando se observa, por um ou dois dias, percebe-se alguma coisa. Quando, porém, se observa por meses, percebe-se mais. Vocês poderiam citar duas coisas que vocês observaram, que dão muito certo na Escola da Ponte? E poderiam mencionar duas grandes dificuldades, ou problemas que vocês perceberam que a escola precisa ainda vencer e superar?

Muitas coisas dão certo na Ponte e alguns desafios ainda são vivenciados pela equipe. O trabalho com a formação pessoal e social, a gestão democrática do currículo, o respeito ao tempo e ao ritmo de cada criança, os espaços democráticos de debates e discussões são práticas que fazem da Ponte um projeto especial — pensar a escola como uma comunidade de aprendizagem, em que todos têm suas responsabilidades e precisam participar da vida política da escola; um projeto que promove a autonomia e foge das aulas massificadas em que todos fazem as mesmas coisas; um projeto no qual os professores podem falar o menos possível (como bem dizia Freinet), possibilitando que o aluno seja ativo no processo de aprendizagem.

Dentre os desafios, percebia uma falta de unidade no corpo docente, um grupo cindido, que não demonstrava práticas alinhadas e planejadas coletivamente. Às vezes percebia que um "mal-estar" pairava sobre o grupo de professores, provavelmente em função de questões políticas e debates internos. Também me chamavam a atenção as atividades com que as crianças se ocupavam. Como os projetos de trabalho estavam acontecendo de maneira incipiente, era possível perceber as crianças trabalhando com atividades descontextualizadas, repetitivas, com objetivos mais mecânicos do que analíticos, quase sempre utilizando o suporte de papel. Ficava sempre me questionando sobre a didática da língua e a didática da matemática.

Dar sentido às práticas escolares, promover aprendizagens mais significativas, refletir sobre a didática de algumas matérias, promover maior integração curricular e efetivar o trabalho com projetos são alguns dos desafios, sob o meu olhar, a serem superados pela Ponte.

Há muitas coisas que dão muito certo e que a Ponte já provou que funcionam. Como exemplo, posso citar a ruptura com o trabalho solidário: quebraram a prática hegemônica da monodocência e em todos os espaços atuam mais de um professor. Cito também a categoria com que a escola trabalha hábitos e atitudes, a formação do cidadão.

Percebo que a escola precisa se abrir para adaptar o projeto a novas realidades. Por 25 anos, a escola funcionou somente com o primeiro ciclo (até o 4º ano) e a realidade atual é outra, impondo a necessidade de revisão de alguns dispositivos pedagógicos. Outro aspecto que considero problemático é o grau elevado de dependência intelectual da equipe, em relação ao idealizador do Projeto.

■ **O diferencial da Escola da Ponte em relação a escolas mais tradicionais não está apenas no seu jeito de organizar os espaços e os processos de aprendizagem. Está também nas reuniões semanais da equipe docente, na Associação de Pais, na Assembleia dos alunos. Contem um pouco para a gente o que vocês viram nessas reuniões de professores, de pais e de alunos.**

Apesar de a Associação de Pais da Escola da Ponte ser uma referência em Portugal, não podemos dizer que é uma prática específica da escola, pois as associações estão presentes em todo país, assim como assembleias de alunos já são uma prática em muitas escolas e já acontecem em muitas escolas brasileiras. Porém, a tríade Reuniões da Equipe, Assembleia de Alunos e Associação de Pais, no contexto da Escola da Ponte, do modo como as coisas lá acontecem, são categorias do que tenho chamado de Pedagogia da Corresponsabilidade, pelo caráter de envolvimento de toda comunidade em torno da vivência e defesa do projeto da escola.

Acompanhei esses momentos e pude constatar as preocupações de cada segmento e o esforço, sobretudo da equipe, para serem coerentes em relação ao projeto escrito, cuja prática vive um momento em que há lacunas, que fazem da Ponte um projeto com imperfeições naturais de uma obra feita por muitas mãos.

Acompanhei as reuniões das assembleias. Nesses momentos, presenciava o que acreditava ser o grande diferencial da escola: a gestão participativa e democrática da vida escolar. Toda a preparação para a instalação da Assembleia é bastante interessante: a composição das listas (espécies de chapas eleitorais), a campanha eleitoral, os debates das propostas e a eleição. Uma verdadeira vivência política para os alunos! Nas assembleias, era exercitado o direito ao diálogo, à livre expressão de sentimentos e ideias, à dignidade, elementos que configuram a prática cidadã. Era um momento em que ficava evidente que, na Ponte, a relação entre seus membros deve idealmente se assentar sobre as bases da democracia e do respeito mútuo. É isso que vai permitir a continuidade do projeto, pensar na equidade e na igualdade das relações.

■ **De tudo o que vocês viram lá, observaram e perceberam, o que poderia ser considerado como "a principal lição da Escola da Ponte"? Qual a principal lição que vocês lá aprenderam depois de meses de observação e pesquisa?**

Voltei ainda mais convicta de que é possível ser diferente, de que uma escola pública estatal pode ter um DNA, uma identidade, romper com os processos massificados, sustentar-se pela qualidade dos resultados do seu trabalho, pela corresponsabilização da comunidade em torno de um projeto coletivo.

A Ponte me ensinou que só conseguiremos superar as nossas dificuldades educacionais a partir dos próprios saberes daqueles que vivenciam o cotidiano da escola. Durante o período das observações, era evidente a constante participação dos pais na escola e a prioridade dada aos debates com os alunos, para a tomada de decisões institucionais. A dinâmica observada nos diversos debates indica que a "saída da crise" da Escola da Ponte era buscada no próprio espaço do sistema escolar, situando a mudança no âmbito dos processos educativos e na ótica daqueles que o praticam. Nesse sentido, analiso que o de mais rico a Ponte pode ensinar para os educadores brasileiros é que as crises conduzem às mudanças, que a mudança desejada não se encontra distante da realidade das nossas escolas brasileiras, mas é gerada a partir dos conflitos e dos saberes construídos no cotidiano escolar.

A Ponte me ensinou que eu precisava olhar com mais cuidado e carinho para experiências do meu próprio país, na coerência de reconhecer as práticas bem-sucedidas, que ocorrem no cotidiano das nossas escolas, e situá-las no centro dos nossos debates educacionais, pois as respostas para alguns dos nossos problemas só podem estar estampadas nas diversas tonalidades que colorem nossas escolas.

■ **"Saudade" é uma das grandes contribuições da cultura portuguesa para a nossa língua. Do que vocês mais têm saudades, quando se lembram da Escola da Ponte e da Vila das Aves?**

Não posso negar que sinto muita saudade dos finais de tarde, tomando café e refletindo com professores amigos sobre as nossas aprendizagens e impressões. Era um momento sagrado, momento em que ampliava nosso olhar e que possibilitava enxergar a realidade da Ponte de maneira crítica e reflexiva. Acho que essa entrevista aumentou essa saudade...

Sinto saudade das palavras do idealizador do projeto e dos momentos em que, mesmo com todo movimento na escola, ele conseguia nos acolher e buscar compreender nossas impressões.

Sinto saudade das crianças, do Rui, da Fatinha, do Tadeu, da Regina, do Fábio, da Sara... Sinto saudade de escutar a professora Rosinha, de perceber os questionamentos da professora Ana, a firmeza da professora Diana... Sinto saudade das assembleias, momentos de puro deleite, em que conseguia perceber o verdadeiro espírito da Ponte.

Tenho saudades de ver a escola funcionar, integralmente, sem dispensas de alunos porque o professor faltou, sem dias imprensados, sem engendramentos tão comuns em nossas escolas e até mesmo em outras escolas portuguesas. Tenho saudades do respeito à fala do outro; do colocar o "dedo no ar" quando se deseja falar (desde os

pequeninos); da baixa tonalidade das vozes nos espaços de trabalho, permitindo se ouvir a música que toca baixinho; da criança da primeira vez que vai à frente e diz baixinho: "para trabalhar não precisa de tanto barulho. Eu não estou a ouvir a música". São muitas as lições e as saudades.

Um olhar exterior provoca muitas interrogações!

■ Na entrevista, você comenta sobre a autonomia das escolas, comparando rapidamente a legislação brasileira e a portuguesa. Se possível, explique melhor essa autonomia. Em Portugal, ela é apenas a seleção e dispensa de profissionais que atendam ou não ao projeto da escola? E com relação ao currículo, frequência dos alunos, quantidade de dias letivos? A autonomia é apenas essa?

No caso brasileiro, a LDB prevê autonomia progressiva. Mas se forem observadas as normas gerais de direito, que são rigorosas, você jogou a batata quente no colo dos professores e de sua apatia. Isso é complicado, pois, ao contrário de Portugal, a legislação brasileira não prevê instrumentos de autonomia.

Educadora brasileira:

Muito boa sua questão, pois ela nos permite pensar um pouco sobre a dimensão macro da nossa escola brasileira a partir do caso português.

A lei portuguesa, mais especificamente o Decreto-lei n. 115-A/98, de 4 de maio,[2] "Aprova o regime de autonomia, administração e gestão dos estabelecimentos públicos da educação pré-escolar e dos ensinos básico e secundário, bem como dos respectivos agrupamentos." Trata-se de uma lei ampla, que envolve muitos outros aspectos, para

---

2. Disponível em: <http://www.ige.min-edu.pt/upload/Legisla%C3%A7%C3%A3o/ Dec_Lei_115-A_98.pdf>. Acesso em: 1 jun. 2015.

além da abertura para que a escola contrate e dispense os seus profissionais. Só isso não basta. Quando toquei neste ponto foi a título de exemplo, para demarcar até onde foi possível se chegar, considerando que parece ser ponto pacífico, que, pelo menos no Brasil e em outros países de que tenho informações, uma vez concursado, o profissional somente em casos extremos é demitido do serviço público.

Sou professora concursada da rede estadual de ensino do Rio Grande do Norte, há 16 anos. Durante esse tempo, jamais soube de nenhum caso de o professor ter sido dispensado, porque não atende aos objetivos do projeto da escola, ou mesmo porque, ano após ano, os seus alunos seguem em frente com enormes fraturas nas aprendizagens.

Pois bem, em Portugal, o Decreto-lei estabelece que o "projeto educativo, o regulamento interno e o plano anual de atividades constituem instrumentos do processo de autonomia das escolas". Neste sentido, a comunidade da Escola da Ponte estruturou e defendeu os seus documentos, conforme a sua realidade, a sua práxis, os seus princípios e concepções.

Quanto à lei brasileira, considero que há muitos clarões que ainda não soubemos aproveitar. E aí a batata está mesmo no colo dos profissionais de educação... Acredito que as mudanças realmente acontecem de baixo para cima. Tanto é que, em Portugal, por enquanto, só existe a Ponte com um contrato de autonomia assinado. E o Decreto-lei é de 1998!

A Ponte conseguiu, porque já era autônoma, independentemente de papel, pois se fez transgredindo, o que não é comum se fazer. Somos medrosos, às vezes nada ousados. Quando tudo começou, o iniciador aprendeu e ensinou que, para ser autônomo numa sociedade nada democrática, é preciso transgredir as leis, as normas estabelecidas, é preciso se expor, enfrentar, desafiar, estudar para saber explicar o porquê das coisas. Foi-se trabalhando aos pouquinhos, inicialmente de forma solitária, depois outros se juntaram e, passados 30 anos, temos um projeto frágil, mas real.

ESCOLA DA PONTE

Penso que, nem nos tempos mais difíceis, o iniciador do projeto duvidou de que fosse possível. E deve ter feito da esperança o antídoto para o medo. Deu no que deu... Agora, é a nossa vez, mas fico feliz, porque sei que em muitos recantos do nosso país há coisas acontecendo.

■ **Gostaria de saber se vocês acham que é possível que nós, mesmo como professores em escolas tradicionais, podemos mudar nossa ação em sala de aula, aproximando-nos do ensino democrático? Ou isso seria um desrespeito ao método tradicional da grande maioria das nossas escolas?**

Educadora brasileira:

Compartilho sua inquietação. Mas acredito que o grande desrespeito é não tornarmos as nossas escolas um ambiente democrático, um ambiente em que todos são responsáveis, com o direito de resolver seus conflitos de maneira participativa. Precisamos pensar em uma escola que evite o autoritarismo, uma escola que acredita que o aluno tem que tomar decisões e pode planejar.

Precisamos pensar nos princípios da democracia dentro da escola, o princípio da equidade, da igualdade, o direito de ser diferente. Sei que não é fácil, mas é perfeitamente possível. Precisamos estudar o que é ensinar para a democracia, o que é promover vivências políticas no ambiente escolar. De ensinar "na cidadania" e não "para a cidadania".

Tudo começa com pequenas sementes e a Ponte lança sementes. Podemos começar na relação com um aluno, depois com toda a turma e com toda a escola, ou até mesmo o contrário, já não sei... O importante é começar! A escola tradicional precisa pensar qual a sua concepção de aprendizagem. Qual o papel do aluno e das relações que estabelece? As respostas para essas questões já podem indicar os caminhos...

■ **Como a escola consegue, deixando o portão sempre aberto, permitir que qualquer pessoa possa entrar sem riscos para as crianças e todo o pessoal da escola? A comunidade da Escola da Ponte tem uma educação diferente? E as pessoas que passam pela comunidade?**

"No final de cada quinzena, acontece uma espécie de autoavaliação, na qual os alunos podem registrar os objetivos alcançados..." Os alunos são habituados a realizar a autoavaliação?

Como esta prática é vivenciada pelos alunos, considerando que a autoavaliação constitui atividade complexa?

Educadora brasileira:

Realmente é difícil de imaginar, tomando como parâmetro algumas cidades brasileiras. Vila das Aves é uma cidade pequena de Portugal. Em termos da segurança das crianças não há nenhum risco. Mas acho que o portão é uma grande simbologia. Símbolo de que a Ponte está aberta à comunidade, faz parte dela. Símbolo também de que as crianças não são obrigadas a ficar por lá, a escola é delas, elas pensam na sua organização, elas têm liberdade de escolha e contribuem para a vivência democrática.

Por que querer sair de lá? Não percebi nenhuma criança passando do portão nos momentos em que deveriam estar na escola. Como diz o Pacheco, "uma escola sem muros", na qual as trocas devem ser privilegiadas.

A autoavaliação é, realmente, uma prática constante da escola. Ao final de cada dia, as crianças fazem a avaliação do que foi feito, o que estabelece maior coerência: planejou, avaliou. Para todo "plano do dia" acontece uma autoavaliação, para que elas tenham a dimensão das intenções cumpridas, ou não. Além das avaliações do dia, tem a avaliação da quinzena, na qual eles registram: "O que aprendi nesta quinzena? O que mais gostei de aprender nesta quinzena? Mas ainda não aprendi a... Por quê? Outros Projetos que gostaria de desenvolver..."

ESCOLA DA PONTE

É justamente por ser uma atividade complexa que a autoavaliação precisa ser praticada constantemente. Elas compreendem que é a partir da autoavaliação que podem seguir o planejamento. É uma prática cotidiana, que ensina a necessidade da reflexão no processo de construção do conhecimento. Aprendi muito com essa perspectiva de avaliação da Ponte.

■ Todos se encantam com a autonomia dos vossos alunos. Como vocês preparam esses alunos, quando estes chegam à escola com vícios anteriores, para que entrem no esquema dessa autonomia?

É muito interessante o estudo pela pesquisa, pois aguça a curiosidade, e também este esquema de tutoria e ajuda pelos colegas, incentivando a solidariedade através da ajuda dos que sabem para os que têm dúvidas. Como é feito o controle dos conhecimentos adquiridos mediante as pesquisas realizadas?

Professor:

Quando os alunos chegam de outras escolas, a Ponte acolhe-os, importando-se, em primeiro lugar, em descobrir que pessoas estão à nossa frente. Só depois de conhecermos a pessoa do aluno que chega, só depois de ele se ver como pessoa, só depois de ele conseguir ver que os outros também são pessoas, é chegado o momento de passar ao questionar dos "vícios" e à reciclagem dos afetos. Teremos, então, condições de ensinar e aprender.

É um processo complexo, demorado e sujeito a regressões. Nem sempre conseguimos. Também a Ponte registrou alguns insucessos, nos seus 30 anos de existência. Temos os nossos limites. É deveras difícil conseguir motivar jovens que já não acreditam nos adultos...

O controle das aprendizagens é feito em registros de avaliação formativa. A avaliação acontece quando o aluno quer e pede, isto é, quando sente que é capaz. E os alunos e os professores vão assinalando os seus progressos em grandes "lençóis" de papel, em linguagem de gente, acessível a pais e a quaisquer pessoas que pretendam consultá-los.

A autonomia conquista-se...

Uma organização promotora de uma autonomia responsável e solidária[3]

■ **Gostaria de pedir aos entrevistados, que, se possível, apresentassem alguns exemplos das regras aprovadas pelos alunos, dos dizeres dos estudantes nos espaços: "posso ajudar", "preciso de ajuda", das "responsabilidades".**

Professora:

As regras aprovadas pelos alunos constituem o dispositivo dos Direitos e Deveres, aprovado em Assembleia de Escola. Enquanto a nova lista é aprovada, está em vigor a lista do ano anterior.

O Preciso de Ajuda está relacionado com a "ajuda" no nível das aprendizagens. Isto é, os alunos utilizam-no para pedir ajuda relativamente a algum assunto em que sente dificuldade. Isso deve acontecer após ter já pedido ajuda ao grupo, ter procurado nos livros ou outras fontes e ter pedido ajuda ao professor. Só após ter passado por todo este processo, deve utilizar esse dispositivo, que depois de visto pelo professor, o remeterá para uma "aula direta".

Nos dispositivos Acho Bem e Acho Mal, os alunos escrevem coisas tais como: "Acho mal que alguns alunos não peçam a palavra; Acho mal que alguns alunos não me respeitem; Acho mal que os elementos da mesa não vão pedir assuntos para a convocatória à Educação Física; Acho mal que alguém tenha deitado lixo para o chão; Acho mal que o '...' não aceite a minha ajuda; Acho bem que os professores nos ajudem; Acho bem termos direito a dar a nossa opinião..."

No que concerne às Responsabilidades, incluindo a Assembleia de Escola e a Comissão de Ajuda, estas asseguram a gestão dos espaços de trabalho e das diversas formas de intervenção dos alunos, na vida escolar. São, muitas vezes, reguladoras de comportamentos

---

3. Inventário dos dispositivos pedagógicos em anexo.

ESCOLA DA PONTE

e atitudes. Posso referir, por exemplo, a extrema importância da Comissão de Ajuda, na monitoração do Acho Bem e Acho Mal e na resolução de problemas no dia a dia da Escola.

A Assembleia: um dispositivo de vivência democrática

Assembleias: gostaria que vocês discorressem um pouco mais sobre este tópico. Representantes dos alunos: são eleitos dentro de cada projeto? Nível? Quais são os tipos e exemplos de propostas apresentadas nas discussões preparatórias? Deem exemplos de propostas dos alunos adotadas, que trouxeram alterações significativas na estrutura ou metodologia da escola,

Podem discorrer um pouco sobre os recursos criados pelos alunos para coibir a indisciplina e os resultados obtidos? No geral, estas práticas são suficientes para resolver os problemas, ou é necessária a intervenção dos tutores/professores?

Educadora brasileira:

Para que as assembleias sejam iniciadas, é preciso realizar a eleição das listas (uma espécie de chapas) que fazem propostas para a escola. As listas devem ser constituídas por dez alunos, cinco meninos e cinco meninas.

Depois de formadas as listas, eles devem fazer promessas para melhorar a escola. Na campanha eleitoral, cada lista tem que esclarecer suas promessas e explicar a todos as possibilidades de concretização.

Após a apuração dos votos, a mesa da Assembleia é composta, respeitando a lei Hondt,[4] para que haja representantes de todas as listas. O presidente da Assembleia é o presidente da lista mais votada.

Exemplos de promessas: organizar concurso de caraoquê com os professores; renovar o refeitório; fazer exposição de *origami*; organizar

---

4. Sistema de representação proporcional de lista, utilizando o método D'Hondt (concebido nas últimas décadas do século XIX pelo jurista belga Victor D'Hondt).

um concurso de limpeza da escola; colorir mais a escola; semear mais grama e colocar mais plantas no pátio; fazer mais jogos no recreio; organizar um concurso de culinária; realizar um festival de inverno.

Uma lista dizia: "Prometemos tentar cumprir todas as promessas."

Sobre as práticas de gestão do ambiente moral, o ficar para refletir era algo presente no discurso das crianças, principalmente com aquelas que já tinham a proposta internalizada. Nos casos de alunos que estavam na Ponte pela primeira vez e que apresentavam sérios problemas de indisciplina, a intervenção dos professores era fundamental.

Educadora brasileira:

Transcrevo uma Convocatória e duas Atas de assembleias, para que tenham uma noção mais concreta de como funciona. É tudo feito pelos membros da mesa de Assembleia, que contam com a orientação de dois professores, para a preparação e a avaliação das assembleias, pois na hora mesmo é com as crianças/adolescentes, que são os verdadeiros protagonistas.

Convocatória n. 01

Convoca-se todos os alunos, professores, funcionários e visitas para a primeira Assembleia da Escola, a realizar na sexta-feira, dia 28 de outubro de 2005, pelas 11h00min, com a seguinte ordem de trabalhos:

Leitura e aprovação da ata das eleições da escola.

Funcionamento da Assembleia.

Eleição da Comissão de Ajuda.

Tempo para professores, alunos, funcionários e visitas.

Dar a palavra aos meninos que participaram no projeto da Casa da Música.

Vila das Aves, 26 de outubro de 2005.

A Presidente da Mesa

_____

(Sara Patrícia da Silva Rocha)

Ata das Eleições

No dia 14 de outubro de 2005, pelas 8h55 minutos, no refeitório, foram abertas as urnas das eleições da Mesa da Assembleia do ano letivo 2005/2006.

O ato eleitoral decorreu normalmente.

Na mesa I votaram 41 alunos/as, tendo faltado à votação duas pessoas. Contados os votos, a lista A obteve 23 votos; a lista B, 4 votos; a lista C, 7 votos; e a lista D, 6 votos.

Na mesa II votaram 23 alunos, tendo faltado apenas uma pessoa. Os resultados obtidos foram: lista A teve 7 votos; a B, 6 votos; a C teve 4; e a lista D, 6 votos.

Na mesa III votaram 37 alunos, não tendo faltado ninguém. Os resultados obtidos foram: a lista A teve 21 votos; a lista B teve 6 votos; a lista C, 6 votos; e a lista D teve 3 votos.

Na mesa IV votaram 48 pessoas, tendo faltado duas pessoas. Os resultados obtidos foram: lista A, 25 votos; lista B, 4 votos; lista C, 14 votos; e a lista D teve 4 votos.

Houve 4 votos nulos, distribuídos pelas quatro mesas.

Assim, no total, a lista A teve 76 votos; a lista B teve 20 votos; a lista C teve 31 votos; e a D teve 18 votos.

Após a contagem dos votos, a Mesa ficou constituída da seguinte forma: Sara Rocha — Presidente da mesa / Luís Castro — Vice-presidente / João Pinheiro — 1º secretário / Inês Tavares — 2º secretária / Susana Ferreira — 3º secretária / Marcos — 4º secretário / Lara Brito — vogal / José Alberto — vogal / Marina — vogal / Maria Nogueira — vogal / Nuno Silva — 1º suplente / Daniel Elias — 2º suplente / Miguel Ângelo — 3º suplente / Miguel Castro — 4º suplente / Mariana Rodrigues — 5º suplente (para substituir o Miguel Ângelo: José Pedro Castro).

Ata n. 01

No dia 28 de outubro de 2005, pelas 11h15m, realizou-se a primeira Assembleia do ano letivo 2005/2006.

A Sara Rocha começou por ler a Ata de Eleição, que foi aprovada por unanimidade.

Passamos ao assunto seguinte: "Funcionamento da Assembleia". O Luís Castro perguntou o que era a Assembleia e vários meninos responderam, chegamos à conclusão que a Assembleia era um local onde se debatiam os problemas de toda a gente e se encontravam soluções conjuntas. Depois o Luís perguntou para que serve a Assembleia e toda a gente disse que a Assembleia servia para debater e resolver os problemas da escola, menos o Gerson que disse que ao repetirmos as coisas estávamos a perder tempo. A professora Ana discordou completamente do Gerson, dizendo que os meninos que estavam na escola pela primeira vez deveriam aprender estes assuntos. Depois disto, o Luís Castro perguntou como funciona a Assembleia e vários meninos responderam.

Passamos ao assunto seguinte: "Eleição da Comissão de Ajuda". A Sara Rocha disse que a Comissão de Ajuda deste ano era assim constituída:

Elementos escolhidos pela Mesa da Assembleia: Rita Cardoso e Mário Rui.

Elementos escolhidos pelos Professores: Susana Salgado e Abílio Godinho.

Cada elemento da Comissão de Ajuda disse o que sentia. Depois disso a Mesa da Assembleia fez algumas perguntas.

Passamos ao assunto seguinte: "Tempo para professores, alunos, funcionários e visitas." O Ricardo Martins disse que existia o problema das bolas e o Mário Rui tranquilizou o Ricardo Martins, dizendo que a Comissão de Ajuda ia começar a resolver o problema.

A Maria Clara pediu a quem encontrasse a caneta dela para entregá-la.

O Zé Alberto perguntou aos meninos do projeto da Casa da Música se queriam falar do que fizeram e como se estavam a sentir. O Cristiano disse que gostou muito e que estava contente com a visita que fez, a Flávia disse que tinha gostado muito e que estava também muito feliz. A Rita Cardoso deu os parabéns aos meninos do projeto da Casa da Música e o Cristiano agradeceu os parabéns. A Letícia também disse que gostou muito. Finalmente, o Paulinho deu os parabéns a todos os meninos do projeto da Casa da Música.

As visitas não quiseram falar.

Sem mais tempo, encerrou-se a primeira Assembleia.

Vila das Aves, 3 de novembro de 2005.

A PRESIDENTE DA MESA DA ASSEMBLEIA

(Sara Patrícia da Silva Rocha)

■ **Com base na sua experiência, poderia esclarecer um pouco mais sobre como se dá o desenvolvimento do senso crítico? Existe uma base de trabalho, que vem de anos anteriores, muito relacionada com as atitudes, que ajuda a integrar os novos. Que formas são essas? Como você definiria o estado emocional e psicológico das crianças participantes das primeiras assembleias? Por tratar-se de uma educação para todos, qual é o período estimado para a superação da criança que vocês recebem de outra escola?**

Professor:

Tudo está relacionado com as vivências de anos anteriores, com toda a experiência que os alunos já possuem de vida em cidadania através da sua Assembleia de escola e de outros dispositivos e vivências. É evidente que muito do trabalho que é desenvolvido por estes "cidadãos de palmo e meio" nasce de um forte contexto de aprendizagem, numa base de tentativa e erro, de muita tentativa e muito erro!

Pela experiência que possuo (que também não é muita...), verifico que os elementos que constituem as mesas das assembleias desenvolvem enormes capacidades ao longo do ano. O início é muito difícil para eles e é necessária muita compreensão por parte de todos. As dificuldades apontadas são trabalhadas, em grande parte, fora do espaço da Assembleia, nomeadamente, em espaços de debate, que antecedem as reuniões (em grupos menores, o que ajuda bastante), em reunião de tutoria e no próprio dia a dia. É importante que os meninos se preparem de forma consistente e adequada para as reuniões, para que as sintam como algo significativo.

Quando me perguntam qual o estado emocional das crianças nas primeiras assembleias, a resposta é muito simples: como os adultos se sentem em situações de exposição pública? É um exercício muito difícil e que exige imenso deles. De forma a minimizar estas dificuldades, e tal como os adultos fazem, quanto melhor for a preparação das reuniões e o conhecimento dos assuntos, menor será o estado de ansiedade dos meninos. Já aconteceu de alguns alunos não conseguirem intervir quando são solicitados, mas isso é um processo natural, que se vai desenvolvendo positivamente e com muita ajuda dos colegas e de todos os demais intervenientes educativos.

Quando me perguntam qual o tempo que os novos alunos necessitam para se ambientarem à nova escola, não posso responder com muita exatidão, pois cada aluno necessita de um tempo específico. No entanto, pelo que verifico, não é necessário muito tempo para que tal aconteça, uma vez que o aluno tem a ajuda dos seus colegas e, em especial, do seu grupo de trabalho. Por outro lado, as crianças possuem enormes capacidades de adaptação a novas situações e, quando se muda para melhor, é sempre mais fácil...

■ **Vocês falam de "valores humanos não institucionalizados", propõem a construção da autonomia da criança, através dos modos de desenvolverem as atividades na escola, como uma das maneiras "tranquilas" de superação da indisciplina: a criança tem a chance de construir atitudes diversas. Por isso, talvez não fique presa ao constante questionamento da ordem vigente. Pode inventar e pensar outras ordens e outros questionamentos. É mais ou menos isto?**

Tive uma experiência de prática pedagógica numa escola experimental, onde os alunos faziam assembleias. Nossa dificuldade era administrar (controlar) a enorme gama de ações e atitudes proposta pelas crianças para resolver os problemas da escola. Não tínhamos pernas para tanta solução e encaminhamento! Como vocês trabalham com as demandas da própria Assembleia? Ela tem um caráter deliberativo? Executivo? Ou os dois? E, quando não conseguem dar consequência aos encaminhamentos, o que fazem? A vossa proposta parece-me muito próxima da abordagem de Humberto Maturana, quando propõe que as relações sociais só são sociais — constitutivas da sociabilidade dos sujeitos — na medida em que aprendemos a "respeitar o outro como legítimo outro na convivência".

Em que medida necessitamos, em nossos ambientes escolares (institucionalizados), de um pouco de indisciplina para superarmos rotinas, cristalizações de espaços e tempos tão comuns nos meios pedagógicos? Ou, em outras palavras, seria perguntar se vocês concordam que nem toda a autoridade deve ser exercida todo o tempo quando falamos de educação (transformação)? Ou, ainda: Quais os limites da própria autoridade? Da disciplina?

Professores:

A Assembleia é vista pelos alunos como um dispositivo de trabalho muito importante e muito significativo, até para os alunos ditos mais problemáticos. Tudo depende do que é tratado nas assembleias! Se neste espaço de trabalho forem discutidos assuntos que lhes digam muito, o comportamento será adequado e apropriado. Daí, a importância de serem os alunos a fazer a convocatória, ou seja, serem eles a pedir os assuntos pelos espaços de trabalho diário, para que estes possam dar o seu contributo para o debate da Assembleia seguinte.

Outro aspecto muito importante a ter em conta diz respeito ao fato de este espaço ser visto pelos alunos como uma oportunidade fantástica para que possam expressar a sua opinião, que efetivamente é tida como importante e respeitada pelos outros.

A Assembleia funciona pelos dois sentidos que falaste: deliberativo e executivo. São os alunos que fazem as propostas a serem votadas e são os mesmos que as colocam em prática, de uma forma organizada e planificada. É evidente que, por vezes, somos colocados perante situações difíceis. Nem sempre os alunos agem com bom senso. É aqui que entra o professor, agindo como "entidade reguladora"...

O aluno deverá escolher o seu próprio caminho escolar, mas não pode confundir liberdade com falta de responsabilidade ou com desresponsabilização. Autonomia com responsabilidade!

Muitos problemas de indisciplina estão relacionados com uma relação muito distante, fria entre aluno e professor. Se existir uma relação de respeito, o aluno percebe que existem barreiras que não pode passar. Ele percebe isto sem que o professor o diga. Somente é preciso que o sinta. Quando falamos em relação próxima, não nos referimos "aos beijinhos e abraços" entre professor e aluno (também pode acontecer...), referimo-nos a uma relação construída em alicerces de respeito e admiração não forçada, que se vai ganhando com o decorrer do tempo.

Não entendemos que um aluno é disciplinado quando está domesticado! São coisas antagônicas. A domesticação passa pela imposição de algo, disciplina está relacionada com o crescimento pessoal do indivíduo.

■ **Desejo entender um pouco melhor a dinâmica das assembleias dos alunos, como eles percebem as situações vivenciadas. Os pais participam delas também? Como elas se instalam? Qual o sentimento dos alunos ao participarem desta atividade? Com que frequência elas acontecem?**

Aluna:

A Assembleia realiza-se todas as sextas-feiras e dela participa toda a comunidade escolar, desde os alunos até os professores, passando pelos funcionários e pais.

Todos os anos, os alunos que gostariam de constituir a Mesa da Assembleia formam listas de dez elementos e, durante um tempo preestabelecido pela "Comissão Eleitoral" (conjunto de alunos encarregados de organizarem as eleições, de forma a assegurar que nenhuma regra seja violada e que tudo corra do melhor modo possível), apresentam as suas promessas e fazem a campanha eleitoral.

Chegado o dia das eleições, todos os alunos se dirigem às mesas de voto com o seu cartão de eleitor e usam do seu direito ao voto. Após a eleição, a Mesa da Assembleia fica responsável por elaborar uma convocatória na qual estão presentes os assuntos a ser tratados na reunião da Assembleia seguinte, assim como a ata da reunião anterior, que será depois aprovada por todos.

Normalmente, os assuntos são de interesse escolar e todos os presentes podem opinar, contudo o Presidente é o único que "dá a palavra", ou seja, decide quem fala e quando fala, para que todos possam ser ouvidos. Em caso de votação, apenas os alunos têm o direito ao voto.

O fato de termos uma Assembleia e de lá tomarmos decisões que influenciam o futuro da escola faz-nos sentir importantes, ou seja, ao vermos que a nossa opinião conta, envolvemo-nos muito mais na escola e o interesse começa a despertar! Sentir que somos parte de algo é muito agradável! A participação nas assembleias ajuda-nos a desenvolver o nosso "sentido crítico", ajuda-nos a argumentar e a sermos mais responsáveis, pois temos mais consciência dos problemas que nos rodeiam. E que está em nossas mãos resolvê-los!

As nossas assembleias são como as assembleias nos parlamentos, reuniões de pais, condôminos, embora um pouco mais organizadas...

■ **Sonho que, um dia, eu também possa presenciar cenas de convivência e respeito mútuo entre alunos e professores. Sinto-me "frustrada" quando não consigo ajudar um aluno considerado indisciplinado pelos professores.**

Reconheço que a questão da indisciplina, no Brasil, é muito complexa. Em uma das palestras do prof. Pacheco, aqui, no Brasil,

ele disse que não se forma para a cidadania, mas na cidadania. A minha pergunta é como é possível iniciarmos um trabalho que contribua para formação deste ambiente de cidadania e convivência democrática?

Professor:

Em minha opinião, e tal como refere o prof. Pacheco, é necessário que os alunos "vivam" e "construam" a sua própria cidadania, no exercício da cidadania. Muito do trabalho que é desenvolvido por estes "cidadãos de palmo e meio" nasce de um forte contexto de aprendizagem, numa base de tentativa e erro. Pela experiência que possuo (que também não é muita...), verifico que, no início é muito difícil para os alunos e é necessária muita compreensão por parte de todos, para que os meninos se preparem de forma consistente e adequada para o exercício efetivo de cidadania.

■ **A Escola da Ponte, além de atender à linha crítico-social, também é rogeriana? Nas assembleias, existe essa preocupação fundamentada nesse paradigma?**

Professor:

Não é só nas assembleias, é em todo o trabalho.

Os direitos e deveres: um processo de autorresponsabilização

■ **Trabalho em um projeto de esporte no Brasil em que procuramos também fazer com que crianças e adolescentes construam suas listas de direitos e deveres, que chamamos de "Combinados", e enfrentamos dificuldades em fazer com que cumpram efetivamente aquilo que propõem. Acredito que a dificuldade se deve ao processo de interiorização, que é demorado e diferente para cada**

ESCOLA DA PONTE

um. Mas, por vezes, acredito que o processo pelo qual os Combinados são construídos prejudica seu cumprimento, pois é tratado pelo próprio educador como uma atividade para fazer uma lista escrita e não como um exercício efetivo de cidadania, que só se inicia com a lista pronta... Gostaria de saber como acontece o processo de construção da Lista de Direitos e Deveres: Como ocorre a mediação, para que não haja abuso por parte de crianças e adolescentes? Qual o papel dos adultos durante a construção da lista?

Acreditamos ser importante que o educando se responsabilize pela consequência de seu ato, buscando repará-lo, e chamamos isso de sanção por reciprocidade (com base nos estudos de Piaget). Isso também acontece na Ponte?

Professora:

A essência dos "Combinados" se perde se não for aceita por TODOS e posta em prática por TODOS! A listagem vira quase receita de bolo de chocolate que você, simplesmente, guarda no armário da cozinha e promete fazer "amanhã". Esse amanhã nunca chega... Lista de Direitos e de Deveres não pode ser levada que nem promessa de mulher para fazer regime, que começa bem-intencionada, mas fica protelando a aplicação!

O projeto Fazer a Ponte tem algo basilar, considerando esse problema: trabalho em equipe — todos os professores têm de exibir a mesma atitude (ação conjunta) — e atualização da lista dos "Combinados", anualmente (pelos alunos, obviamente!). A atualização é analisada, primeiramente, em pequenos grupos; depois, revista em debate; e, finalmente, aprovada em Assembleia.

A criança não é boba, ela entende tudo e muito bem. Com os adolescentes, um "bom papo" pode operar milagres. É lógico que existirão infrações sempre! O erro é humano... Como agir? Para cada ação, há uma reação. A cada direito, corresponde um dever! Se alguém, frequentemente, prevarica (erra) — ação, qual que é a reação? O que se considera mais importante? Punir, para que o outro tenha medo da sanção? Ou levar o outro a entender a dimensão da sua falha? O que se pretende? Robô ou gente? Pensemos em um adulto na estrada. Por que para no sinal? Porque tem medo que um policial esteja por perto! Porém, no seu interior, uma vozinha grita assustada — pode morrer, "ó tio", pode matar "ó tio", não é? É importante cumprir regulamentos. Mas mais importante é entender o motivo do incumprimento. Levar o outro a refletir pode ser até mais penoso do que dar castigo! Na hora em que se reconhece o quanto se foi injusto e cruel, até as entranhas se reviram de vergonha.

Jesus falou quanto aos justos e pecadores: mais vale o arrependimento sincero de um pecador do que 1.000 justos! Comparemos a situação em termos de aprendizado: cumprir por medo da sanção e cumprir porque se tem consciência da necessidade da regra. Em qual das situações haverá aprendizado? Quando o aluno cumpre por medo da punição, ou quando não cumpre, é chamado a refletir, assume, compreende e tenta corrigir a falha? Os "nazistas" cumpriam o dever, cumpriam bem certinho as regras impostas... Refletiam? (pergunta retórica — é lógico que NÃO! — executavam ordens sem pensar). Queremos formar pensadores e não executantes! Queremos cidadãos ativos e não cumpridores passivos!

Já existiu, em outras épocas deste projeto, um Tribunal — os meninos, em Assembleia, definiam castigos para os infratores. Isso acabou. Hoje, depois do erro cometido, há uma chamada de atenção por parte do orientador! Tudo vai depender da falha, do número de vezes ocorrida, dos motivos desse descarrilamento. Mediante a gravidade, o professor-tutor também vai agir, os pais vão tomar conhecimento, existem vários dispositivos.

A Comissão de Ajuda veio substituir o tribunal. Quem pode atirar a primeira pedra? É preciso dar a mão e não dar tapa na mão! Refletir e não humilhar! Meditar e não anuir sem saber por quê! Todo mundo cumpre, todo mundo falha.

Sou apenas uma professora como outros professores. Mas trabalho numa escola em que ninguém se sente só. Aprendemos com os alunos, a cada instante!

Professor:

No ano passado, os alunos aprovaram um direito semelhante a este: "Temos o direito de ouvir a música que quisermos nos espaços." Os orientadores educativos entenderam o que eles pretendiam: ouvir todo o tipo de música nos espaços, mesmo a mais agitada. Todos nós hesitamos: deveríamos intervir, ou não, na Assembleia? Optamos por não o fazer.

O direito foi aprovado e 15 dias depois foi alterado por sugestão dos alunos. Eles colocaram duas vezes música mais agitada e compreenderam que assim não poderia ser, pois não tinham condições para estudar, quer em grupo, quer individualmente. A música deixava de ser música para ser ruído naquele contexto de trabalho.

Os alunos são pessoas e... pensam!

A Comissão de Ajuda na resolução de conflitos

■ **Gostaria de entender melhor alguns aspectos de implantação e funcionamento da Comissão de Ajuda e Assembleia. Como é a composição da Comissão de Ajuda? Como surgiu, como está estruturada e como é gerida? Qual o papel do educador neste trabalho?**

Os meninos da fase de iniciação já vivenciam essas práticas? Existe uma etapa intermediária, na qual eles aprendem a fazer assembleias menores, antes de entrarem no grupo todo?

Professor:

Creio que a Comissão de Ajuda tenta devolver a responsabilidade aos próprios alunos, no sentido de, mais uma vez, lhes proporcionar o exercício da sua autonomia. A Comissão de Ajuda é constituída por seis alunos. Três deles foram designados pelos professores e três foram escolhidos pelos membros da Mesa da Assembleia.

A Comissão de Ajuda reúne-se semanalmente com a Mesa da Assembleia e tenta resolver os problemas que vão surgindo. Gerem os dispositivos "Acho Bem" e "Acho Mal" e a "Caixinha dos Segredos". Com a Mesa da Assembleia e a Comissão de Ajuda trabalham três professores, que tentam orientar e ajudar (sobretudo nas situações mais complicadas) as duas estruturas.

Todos os alunos participam no processo eleitoral. Aliás, é obrigatório que em cada lista para a Mesa da Assembleia esteja, pelo menos, um aluno pela primeira vez.

É necessário que a Comissão Eleitoral, que precede a eleição da Assembleia, explique aos alunos menores, com muito detalhe, o processo e qual a finalidade da Assembleia. E as promessas de cada lista também têm de ser muito bem debatidas.

A Comissão de Ajuda é um instrumento fundamental no dia a dia da escola, tem um papel de autorregulação e de corresponsabilização. Gere o processo de resolução de conflitos. As suas decisões têm por referência a lista dos Direitos e Deveres.

■ **Entendo que disciplina está aplicada a vários momentos da pessoa, no comportamento interno e externo. A disciplina interna estaria no esforço de estudar, pesquisar, conhecer, aprender. Inclusive, aquela hora do estudo em casa, nos hábitos de higiene, no cuidado consigo, ter domínio de si e das próprias necessidades. A disciplina externa estaria no contato ou relacionamento com os colegas e professores.**

A disciplina pode ser entendida como a harmonia entre as crianças? O interno aflorando naturalmente para o externo, a atenção para ouvir e poder falar e ser respeitado. A tolerância pode tornar-se preocupante por ter que suportar situações que não sejam agradáveis, viver aguentando os outros e ficar submisso? Existem casos e como vocês atuam com esses casos de passividade e obediência extrema, a criança apagada?

Professora:

A questão é pertinente e nós sentimo-la na Ponte. Num destes dias, estávamos numa reunião preparatória da Assembleia (responsabilidade a que estamos ligados), e a convocatória construída pelos alunos previa o debate sobre violência no recreio. Os alunos debateram o assunto, no sentido de se prepararem para a dinamização do debate, e a discussão tornou-se bastante emotiva. Um menino argumentava que, por mais violentos que sejam os atos dos colegas, eles deviam sempre ajudar e intervir para que eles refletissem. Outra menina da mesa dizia que é tarefa da Comissão de Ajuda sanar de imediato os problemas e procurar saber o que se passou. Mas, no cantinho, um choro se começou a ouvir e um dos meninos da Comissão de Ajuda pergunta emocionado: *"Como podemos nós ajudar, se eles recusam constantemente a nossa ajuda? Não precisaremos nós também (Comissão) de ajuda?"*

De fato, apesar de haver referenciais orientadores de atitudes, alguns alunos (os que ingressaram recentemente na Ponte) conseguem subvertê-los em seu favor e persistir na atitude de negação, de não reconhecimento do instituído. Ora, num sistema em que a maioria ("os pombos") deveria influenciar a minoria ("os falcões"), ela reforça-se e perverte a realidade. É certo que, de alguma forma, eles influenciam a maioria a tornar-se passiva porque esta está desmotivada e sem autoestima. É certo que o fazem porque até as atitudes da maioria não demonstram consistência, mas também é certo que no mundo das "aves" é preciso ajudar no primeiro voo e, para alguns casos, este é o primeiro voo para a responsabilidade, para a liberdade, para a aprendizagem. Alguns meninos não encontraram nos anteriores contextos educativos estes princípios e valores.

Voltando ao menino da reunião da mesa da Assembleia, confronta-mo-lo com a necessidade de ser paciente e de não desistir da ajuda, apesar de não ver ainda o reconhecimento dos colegas. Mas percebemos que o sofrimento e a incapacidade de resposta dos alunos denunciam a dificuldade dos orientadores em demarcar os limites do aceitável e não deixar impune este tipo de atitudes.

É muito importante que os alunos percebam que o professor não ignorou o incumprimento ou o desrespeito, ou desculpabilizou determinados atos, porque o aluno precisa de muito afeto e carinho, pois então cairíamos na velha questão de que "o crime compensa" e reforçaríamos a tendência de os falcões dominarem os pombos... Não é fácil pedir tolerância ao intolerável, mas é indispensável continuar a valorizar a solidariedade, o respeito e a cooperação dos pombos, sob pena de não haver exemplos para todos os "falcões" que entram na Escola da Ponte.

Desculpai a linguagem metafórica.

■ **Já aconteceu alguma vez um aluno faltar ao respeito a um colega e entrar em conflito com ele, de modo que toda a gente na sala para de trabalhar? Como abordaram a situação, posteriormente, com os alunos e com os pais?**

Professores:

Conflitos entre alunos, dentro do espaço de trabalho, ocorrem, por vezes, ainda que não sejam frequentes. Quando tal acontece, partimos para uma reflexão em conjunto com todos os alunos do mesmo espaço, ouvindo opiniões, sugestões. É fundamental conversar com esses alunos, de modo a que percebam que os seus comportamentos não são adequados a um espaço que se pretende tranquilo. Muitas vezes, contamos com a ajuda dos próprios colegas do grupo, uma vez que têm uma relação mais próxima com eles. Como é evidente, se o professor-tutor do aluno em causa entender que será necessário comunicar aos pais o sucedido, fá-lo-á.

■ **Na vossa escola, a indisciplina é trabalhada com os alunos através da reflexão e não da sanção. Porém fiquei com dúvidas em relação à reflexão. De que forma ela acontece? O aluno perde algum direito na escola? Faz alguma atividade para reparar seu erro?**

Professor:

Quando os alunos estão calmos e serenos, compreendem com muita facilidade o que fizeram de errado. A ideia da reflexão é que

ESCOLA DA PONTE

seja boa conselheira em situações futuras. No imediato, se for possível reparar algo que foi menos bom, tentamos fazê-lo. Se dermos responsabilidade aos alunos, eles são perfeitamente capazes de assumi-la.

Muitos direitos (apesar de independentes) estão relacionados com deveres. Essa relação é trabalhada com eles, quando da definição dos Direitos e Deveres.

Professor:

Se um aluno deixa de jogar a bola, ou brincar na hora do seu intervalo, para estar a refletir sobre um mau comportamento qualquer (vemos isto como um momento de reflexão e não de sanção como muitos o veem, pois a sanção seria apenas lhes retirar direitos, o que não acontece taxativamente na Ponte), alguns verão esta reflexão como sanção. Nós vemos isto como um momento de educação, um momento em que o aluno começa a entender que para determinadas ações terá sempre uma reação, mas que ele mesmo terá que perceber e encontrar uma maneira de lhe dar resposta. Para tal, terá o apoio da Comissão de Ajuda e, depois, de algum adulto.

Os alunos organizam seus direitos e deveres. Nessa organização fica estabelecido para cada direito e dever um tipo de reflexão? Ou isso ocorre conforme os conflitos que surgem entre alunos? A reflexão fica apenas no diálogo? Ou aluno pode a vir fazer algum registro do seu mau comportamento?

Professor:

O tipo de reflexão ou a forma de compensação (quando é possível) não está decidido à partida. Cada situação é uma situação e cada aluno é um aluno. A reflexão pode ser individual, pode ser feita com a ajuda de alguém, pode chegar à Assembleia, pode ser por escrito, mas tem de acontecer...

A "Caixinha de segredos": dispositivo de comunicação

■ **A Escola da Ponte é diferente das outras escolas, porque lida com as dúvidas sobre como resolver os problemas de indisciplina, implementando estratégias variadas, mas não só. A escola também possui um instrumento pedagógico, a "Caixinha dos segredos", que, como li a respeito, também muito ajuda na comunicação entre professores e alunos, alunos e alunos etc. Será que o empenho e o cuidado para "ouvir e ser ouvido", por parte de todos os envolvidos, estabelecendo assim uma boa comunicação, não seria responsável (também) pelo sucesso dos resultados do projeto?**

Professores:

É evidente que a comunicação é fundamental para o sucesso do nosso projeto. Aliás, todo o nosso cotidiano está construído na base de dispositivos de comunicação. E não se trata apenas da caixinha dos segredos. Existem vários dispositivos que contribuem em grande escala para tal: as assembleias de escola, os debates preparatórios destas, debates de espaço em pequeno grupo, o próprio "Eu já sei", o "Acho Bem e Acho Mal", o "Preciso de Ajuda", "Posso ajudar em", a tutoria, a responsabilidade... A caixinha dos segredos é mais um dispositivo que ajuda neste sentido, até porque facilita o nosso trabalho, quando os alunos possuem algumas dificuldades em se exporem, preferindo fazê-lo de uma forma mais discreta (que pode ser anônima ou não...).

Professor:

Penso que a "qualidade" da comunicação é um elemento essencial. A partir daí conseguimos compreender muitas coisas que não conseguiríamos de outra forma. Por outro lado, só existe comunicação quando reconhecemos no outro alguém igual a nós. Estando nós com os ouvidos bem abertos, aumenta a probabilidade de os outros também estarem com os ouvidos bem abertos...

ESCOLA DA PONTE

▦ **Conte-me um segredo: o que os alunos escrevem nos bilhetes da caixinha de segredos? Eles são direcionados a alguém? Devem ser assinados ou não?**

Professora:

As mensagens que se colocam na "Caixinha dos segredos" podem ter destinatário específico, ou não. Quando não têm, os elementos da Comissão de Ajuda leem-nas e tratam do assunto; quando têm destinatário são entregues sem serem lidas.

As mensagens podem servir para desabafar, denunciar uma situação (que não queira escrever no Acho Bem/Acho Mal), enviar um recado a algum colega ou a um orientador educativo.

Professor:

Nunca li um bilhete da caixinha dos segredos. Nunca, feliz ou infelizmente, me escreveram através desse dispositivo. Normalmente, falam comigo.

Os "segredos" podem, ou não, ser dirigidos a alguém. E podem, ou não, serem assinados.

▦ **Gostaria de saber mais sobre a "Caixinha dos segredos". Pelo que entendi, essa caixinha (de recados, cartas, pedidos de ajuda dos alunos) ajuda muito a entender a indisciplina de certos alunos. No tempo em que estiveram na Escola da Ponte, vocês puderam acompanhar algum caso da "Caixinha dos segredos"? Como é feito este acompanhamento?**

Muito já se falou da participação dos pais na Escola da Ponte. Muito envolvente, por sinal... Fico a me questionar: O gestor pode até querer a participação dos pais na escola, pois tem muitos pais que querem realmente o crescimento da escola em todos os sentidos e que colocam a mão na massa. Mas há também muitos pais que ficam dando palpites, criticando sem dar sugestões, sentem ciúmes daqueles pais que realmente participam, pais que, só porque ajudam, querem "exclusividade" para os filhos, e muitos conflitos podem surgir. Como o gestor deve agir?

Na Escola da Ponte, são escolhidos os pais para a Assembleia pela participação deles nas atividades da escola?

Educadora brasileira:

Para a "Caixinha dos Segredos" vão os recados, cartas, pedidos de ajuda, como você falou, ou seja, o conteúdo que a criança/adolescente não consegue falar ao outro. Ela é acompanhada pelos membros da "Comissão de Ajuda", que são eleitos entre os componentes da "Mesa de Assembleia". Estes analisam o conteúdo dos recados deixados na caixa e procuram resolver, ajudar, de acordo com cada caso.

Você aponta alguns conflitos que podem se desencadear a partir da participação de alguns pais e da falta de participação de outros. No caso do Brasil, acho que os problemas que aponta até são bem comuns. Na Ponte, não percebi nada do tipo, até porque já existe uma cultura escolar respaldada por aquela comunidade. Os pais que participam dos órgãos diretivos da Associação de Pais se colocam livremente e nunca falta trabalho para ninguém. Assim afirmam os mais antigos. Entre eles, definem quem assume as posições estratégicas. A Equipe da Escola em nada interfere. Para essas funções estratégicas, eles levam em consideração se o pai/mãe tem facilidade para se expressar, argumentar etc. Há uma interlocução com algumas instâncias, como o Ministério da Educação, que requer que a pessoa tenha o perfil julgado pelos próprios pais como o mais apropriado. Porém, todos que se colocam para participar assumem algum tipo de responsabilidade.

A escola como um dos parceiros da família

■ **Gostaria, se possível, de maiores esclarecimentos quanto a estas reuniões com os pais. Com que frequência ocorrem e qual a dinâmica delas?**

Professora:

Trata-se de um aprendizado coletivo, e a troca de ideias e sugestões e experiências contribui para uma noção de pertença de um grupo que se preocupa com o outro, com seu desenvolvimento, com seu trilho e sua felicidade. Remeto para o Projeto Fazer a Ponte: queremos crianças mais sábias e mais felizes! Cada ser é único e irrepetível. Cada projeto é singular. A sua aplicação deve ter em conta o meio e os intervenientes no processo. Todo o resto são princípios nos quais todos acreditamos.

Este projeto deve a sua continuidade ao seu criador, à equipe de educadores, aos nossos alunos e, principalmente, aos pais. Somos, verdadeiramente, uma comunidade educativa. Temos de funcionar em conjunto, todos somos educadores.

As crianças passam a maior parte de seu tempo na escola. Esta, naturalmente, desempenha um papel preponderante, fulcral na vida de cada pessoa. É fundamental que todos os educadores — os orientadores nas escolas e os pais, em casa — remem para o mesmo lado, de modo a se desviar das correntezas que podem fazer perigar a embarcação!

É fundamental que se perpetuem os valores atemporais: honestidade; integridade; civismo; solidariedade; fraternidade; entre outros. É fundamental que os pais tenham oportunidade de expor as suas dúvidas com relação à atividade de seu educando/a na escola; que os pais possam ir à escola não só para escutar sobre o insucesso ou a indisciplina de seu filho/a (como acontece em outras escolas — reunião das classificações), mas que eles possam, igualmente, escutar os receios e as alegrias de outros pais. É fundamental que os pais entrem nas escolas e sintam esse espaço como seu também, que se imiscuam nos problemas e na sua resolução, bem como nas festas e momentos de exaltação. É fundamental que os pais entendam o projeto educativo do seu educando/a e o abracem, o questionem, o atualizem, o promovam, o defendam e se apropriem dele.

Os pais fazem parte do órgão máximo da escola — Conselho de Direção — e intervêm diretamente no processo de gestão dela.

O Conselho de Projeto (equipe de orientadores educativos) se disponibiliza para tratar de variadas questões gerais — alimentação, higiene, entre milhentos assuntos de interesse comum. Questões gerais são aí analisadas. As particulares e específicas são resolvidas em sede com o professor-tutor. Ninguém tem de se expor...

A primeira reunião do ano é feita na presença de todos os núcleos. A segunda poderá ser separada, sob o propósito de garantir a exploração de assuntos referentes a cada núcleo — por exemplo, o espaço, dado que os núcleos não estão funcionando todos no mesmo polo. Tudo isso é decidido com a Associação de encarregados de educação, via seu representante — o seu Presidente — que tem assento no Conselho de Projeto.

Amanhã, vamos ter uma reunião importantíssima sobre futuras instalações para albergar o nosso projeto. Serão os pais a decidir se a proposta do governo serve aos interesses de seus filhos, ou não, se essa proposta não leva a correr riscos de uma potencial descaracterização do projeto.

■ **Já encontraram dificuldades de conseguir o apoio da família em casos de indisciplina? Como conseguiram resolver a questão?**

Professora:

Professores e pais são, não raramente, uma das causas da indisciplina — quase involuntariamente ignoram o ser humano que têm na frente, as suas dores, o seu passado, o seu presente e somente se interessam por lhe designar um "futuro". Persistência e tranquilidade são palavras-chave nessa matéria. Tem razão quando se refere à dificuldade que, por vezes, enfrentamos ao lidarmos com pais que mascaram as atitudes dos educandos, que superprotegem os filhos, que rejeitam a realidade. Mas pensemos sobre o quão deve ser difícil para um pai escutar professores a falar do que em gíria dizemos "barbaridades" de seu filho...

O sacrifício que muitas famílias fazem para manter os filhos na escola pode interferir na capacidade de observação da realidade, porque não passam tempo de qualidade com eles, porque chegam a casa e seus filhos já estão dormindo. Trata-se de um problema social.

A escola não pode substituir a família. Uma vez mais, persistência e tranquilidade são palavras-chave nessa matéria. As assembleias de encarregados de educação servem para debate de questões gerais, mas sugeriria que se adotasse a criação de uma figura — do professor-tutor. Neste projeto, o papel deste dispositivo é de ligação da escola com a família, e assim é uma ponte. Mais uma... Quando reforçamos os encontros com os pais, procuramos estreitar os laços, abrindo as portas da escola e convidando-os a observarem... E usamos o caderno de recados, quer para relatar um episódio menos fortuito, quer para equilibrar com outro positivo. Ninguém fica feliz, se estiverem sempre criticando aqueles que nós amamos.

O professor-tutor relata estratégias pedagógicas usadas e procura demonstrar o papel formativo da escola, sem entrar em excessos. Recolhe dados junto da criança, pede a esta que assista aos encontros e não aponta falhas somente, condição sem a qual todo o processo fica em risco de falir.

O Plano da Quinzena constituiu-se num veículo de comunicação entre os orientadores educativos e os pais. O espaço consignado para redigir alguma observação deve ser usado e não se pode acumular situações. Chamar os pais para lhes transmitir um desfiar de queixas mina o sucesso das relações. É crucial que nos vejamos como parceiros e não inimigos.

Não há receitas. Há tentativas de resolução que poderão fugir do resultado esperado, mas nunca poderemos crer que não deram em nada. Também é verdade que encontramos pais que nos "jogam balde de água fria" na análise de conduta dos seus filhos; que não compreendem bem o Projeto Educativo; que "escolhem" os deveres que desejam que seus filhos cumpram; que exigem diferentes atitudes da parte dos orientadores educativos para com seus educandos, promovendo um estatuto de singularidade e de diferenciação negativa... Os procedimentos que temos com estes são os que já referi.

■ **No que se refere aos pais, que estratégias são desenvolvidas com este grupo como auxílio à motivação da criança? A Ponte oferece cursos e palestras (além das reuniões) para discutir temas como Educação Familiar, Inteligência Emocional e Disciplina?**

Trabalho com Orientação Familiar e percebo que os pais têm grande dificuldade na educação de seus filhos no lar. Dentre os problemas estão a falta de tempo para orientar as crianças, o desconhecimento das fases de desenvolvimento infantil, a utilização de métodos duvidosos de educação (punição corporal, tortura psicológica) e falta de sensibilidade em relação às emoções da criança. Na instituição que desenvolvo meus projetos de Educação Familiar, fazemos cursos, muito bem aceitos pelos pais para reverter o processo descrito anteriormente.

Quais os maiores problemas enfrentados pela Ponte referentes ao papel da família na educação e motivação da criança?

Professora:

É uma questão importante, relacionada com a motivação dos pais para colaborar com os orientadores educativos na concretização do projeto Fazer a Ponte. Ao escolherem celebrar um compromisso educativo com a escola, os pais dos nossos alunos comprometem-se a zelar pelo cumprimento dos princípios que regulam o projeto e demonstram confiar no trabalho desenvolvido por todos os elementos da equipe de orientadores educativos. Além disso, é indispensável o contributo dos pais para refletirmos e melhorarmos a organização e funcionamento da escola. As suas vozes (manifestadas, por exemplo, através do Conselho de Gestão, do Conselho de Direção e da Associação de Pais) são legítimas e levadas em consideração.

Relativamente ao acompanhamento do processo de aprendizagem dos seus filhos, e, contrariamente ao que acontece na maioria das escolas, os pais não são convocados para ouvirem reclamações e serem informados acerca das classificações atribuídas nas diferentes áreas, nos finais do período. Os pais recebem de forma continuada o *feedba-*

ESCOLA DA PONTE

ck do trabalho desenvolvido pelos seus filhos, estendendo-se esse *feedback* a uma reflexão sobre atitudes e comportamentos. Daí ser importante a figura do professor-tutor, orientador educativo que acompanha de perto toda a aprendizagem de um pequeno grupo de crianças. É o professor-tutor que mantém o contato direto com os pais, através do recurso a diferentes dispositivos, como o plano da quinzena, o caderno de recados. Nos encontros com os Pais/Encarregados de Educação, é dado enfoque às evoluções/conquistas da criança (ainda que pequenas) e, em conjunto, são encontradas estratégias para resolução de problemas e superação de dificuldades.

A participação dos pais é ainda estimulada quando estes são encorajados a assistir às reuniões da Assembleia de Escola, a entrar nos espaços para conhecer e perceber as diferentes dinâmicas de trabalho, a estarem presentes como agentes ou espectadores de iniciativas várias promovidas pelas diferentes dimensões.

Contudo, é ilusório pensar que, neste momento, todos os pais que se comprometeram a agir em conformidade com o projeto estejam disponíveis e empenhados na educação dos seus filhos...

Professor:

Na Ponte, tentamos que muito deste trabalho passe pelo professor-tutor.

No último ano letivo, a psicóloga da escola organizou um grupo de pais (não uma escola de pais) em que estes discutiam os problemas que sentiam e tentavam encontrar possíveis soluções.

O maior problema é claramente o estado em que se encontram muitas das famílias dos nossos alunos. Por vezes, os elementos da família até têm toda a boa vontade do mundo e percebem que a situação não é a ideal. Contudo, a situação social e econômica em que vivem dificulta-lhes imenso a sua participação em outros moldes.

Por vezes, temos procurar soluções junto da Assistência Social e em alguns casos, felizmente, mais raros, junto da Comissão de Proteção de Jovens e Menores em risco.

No que se refere aos pais, que estratégias são desenvolvidas com este grupo como auxílio à motivação da criança?

Professor:

Existem diferentes espaços de interação com os pais. Muitos deles são informais e por vezes são os mais ricos (para resolver problemas específicos), outros são mais formais (reuniões gerais — que servem mais para resolver questões relacionadas com a escola).

O trabalho de ligação do professor-tutor com cada pai é fundamental. É um trabalho muito mais personalizado, mais contínuo e mais prolongado. Penso que estes três fatores são absolutamente essenciais para que algumas alterações se processem (na escola, nos pais e nas crianças/adolescentes). Muitas vezes, o trabalho que tentamos realizar situa-se muito a montante da motivação para o trabalho na escola. Existem muitas condições necessárias, mas não suficientes, para que tudo corra bem e a estabilidade familiar (que é um conceito muito vago e muito variável de caso para caso) é um deles.

Quais são os meios utilizados para "motivar" a participação? Percebo que na maioria das escolas, os pais são convocados apenas para buscarem os "boletins" dos filhos e para ouvirem reclamações sobre o comportamento deles.

Professor:

Não são apenas os pais que são chamados pelos professores. Os professores também são chamados pelos pais. Nós estamos sempre disponíveis para discutir seja o que for com os pais. E os pais tomam, efetivamente, decisões sobre o percurso do seu filho e sobre a escola. É necessário que a escola assuma, de uma vez por todas, que existe, porque os pais também querem que ela exista.

Democracia implica responsabilidade

■ **Parece-me que as decisões nas assembleias são tomadas majoritariamente pelos alunos. Estou certa? Parece que o professor espera deles as decisões e quase não interferem. Visitei outras escolas em Portugal, as chamadas "tradicionais". Percebi que por mais que não haja documentos, nem assembleias, os alunos sabem a hora de pedir e de conceder a palavra, pela própria cultura do povo, pela forma como os portugueses naturalmente usam termos, como "desculpa lá", "com licença", "se faz favor", "obrigado", palavrinhas mágicas que fazem toda a diferença. Vi que os alunos, na grande maioria, tratam seus professores com o máximo respeito, por isso penso que as conquistas da Ponte não devem ser complicadas, se tentadas e exercitadas por outras escolas portuguesas. Na opinião de vocês, por que as experiências da Escola da Ponte ainda são desconhecidas por outras escolas de Portugal? Como vocês explicam o fato de a Escola da Ponte ser tão pouco (re)conhecida pelo próprio Ministério da Educação de Portugal?**

Professor:

A criação de uma lista de direitos e deveres, assumida e refletida pelos próprios alunos, faz com que eles se sintam diretamente ligados e responsabilizados no cumprimento das suas regras. Não se trata de algo imposto pelo professor. Foram eles próprios que ditaram as "regras do jogo"...

O Projeto "Fazer a Ponte" foi reconhecido pelo Ministério da Educação há cerca de dois anos, através da assinatura de um Contrato de Autonomia que, de certo modo, veio "legalizar" práticas de há mais de 30 anos. As resistências surgem, essencialmente, do meio em que está inserida a escola. O fato de existir uma escola diferente não é visto com bons olhos por alguns setores da comunidade. Enfim!... Como diz o velho ditado: *"Santos da casa não fazem milagres..."*. Basta afastarmo-nos alguns quilômetros de Vila das Aves, para nos apercebermos que estas "resistências" desaparecem. Apenas se sente respeito por uma escola que não tem que ser vista como melhor ou pior, mas como mais uma alternativa.

Estamos inseridos numa sociedade bastante conservadora. Ainda assim, recebemos visitas de várias escolas de Portugal, que se mostram cada vez mais interessadas em conhecer e em estudar a nossa escola.

■ Gostaria de mais detalhes sobre o dispositivo "Recreio Bom". Parece interessante e deve evitar as famosas indisciplinas deste horário muitas vezes tumultuado.

Professora:

Qualquer opção educativa é um ato de fé em valores, suscita o desejo de transformar outrem. Mas os valores podem ser temporários, frágeis, discutíveis: nas suas consequências extremas, o ato educativo impõe uma lei, coage, ainda que se queira distinguir do adestramento e ser libertação. Esta contradição arrasta, por vezes, no educador o desejo de se libertar através da manifestação pública da sua opinião, ou mediante uma ambivalência de papéis, que se manifesta por uma alternância de excessiva diretividade e de permissivismo, em vez de a vontade de assumir a sua função, propondo pontos de referência precisos para uma estruturação do comportamento e oferecendo uma gama de esquemas de atuação, entre os quais o indivíduo faz uma escolha.

Para ter influência sobre o educando, o ato educativo tem necessidade de encontrar uma adesão, uma aceitação temporária da relação; mas, para se prolongar no tempo e atingir a sua finalidade fundamental, deve provocar o entusiasmo da pesquisa autônoma e fazer nascer um movimento crítico.

No Projeto da Ponte, os intervalos não são interrupções no ato educativo. Não saímos do espaço de trabalho, votando os meninos ao abandono. Os intervalos podem ser um convite ao risco e ao perigo se os alunos entenderem como estar sendo soltos de uma prisão! O intervalo é uma pausa no período de trabalho. Ora, se o trabalho

ESCOLA DA PONTE

é sentido que nem estar numa cela, é absolutamente normal que os meninos tenham quase comportamentos "animalescos". Não sabem nem o que fazer com esse tempo livre e ficam fazendo "bobagem".

Prenda-se um cachorro que adora estar solto, deixemo-lo preso durante umas horas. Depois, libertemo-lo. O que acontece? Que me seja perdoada a comparação, mas, nós, humanos, também agimos, frequentemente, como animais (racionais).

O intervalo deve ser um período de descanso, de lazer, de descompressão. Se o trabalho for prazeroso, se o que os alunos fazem é gostoso, se as tarefas são apelativas, o intervalo vai surgir como uma pausa e não uma libertação dos grilhões do aborrecimento. Os intervalos, na Ponte, são calmos. Mas é lógico que existem desentendimentos, brigas (não são anjos, são gente). Mas são os alunos que gerem os conflitos entre eles.

A Responsabilidade do Recreio desempenha um papel primordial e é coadjuvada por outros dispositivos: Acho Mal e Acho Bem; Caixinha dos Segredos; Comissão de Ajuda; relatórios dos alunos que pertencem a essa Responsabilidade; Listas de Jogos disponíveis; Regulamento da Responsabilidade (elaborado pelos alunos de cada uma delas e pelo professor-tutor).

Nós funcionamos em núcleos de desenvolvimento. Eu trabalho mais diretamente no Núcleo do Aprofundamento e, neste ano, estou colaborando com a Responsabilidade do Recreio Bom. Já auxiliei na Responsabilidade dos Murais; das Datas e Aniversários e da Assembleia.

O Núcleo do Aprofundamento foi instalado num edifício próximo, mas o espaço físico de que dispõe é exíguo. Este fator, desde cedo, contribuiu para a eclosão de conflitos. Sem nada para executar, eles pegavam as pequenas pedrinhas da calçada para jogar nos outros. Assim que foram instaladas as Responsabilidades (demora um pouquinho para haver negociação entre todos), acabaram os "chega pra lá nele" entre os alunos, porque essa Responsabilidade adquiriu formas de diversão. Promoveram *workshops* de jogo de Damas, de Xadrez (agora vai ter de Miçangas), organizados e desenvolvidos pelos alunos; compraram-se jogos como o "Pictionary", o "Trivial", cartas, entre outros. Conseguiram verba para arrumar o vídeo e a TV e, presentemente, já é, de novo, possível, assistir a filmes (nenhum vídeo é visto sem os alunos da Responsabilidade o permitirem). Os celulares pessoais deles, também, são um modo de passar o tempo. A gente não obsta o seu uso, nesse período.

Toda a semana há reunião para análise das ocorrências e promoção de atividades. Será justo mencionar que com a organização da Responsabilidade da Biblioteca os intervalos sofreram uma evolução muito positiva. É igualmente de se referir que a Responsabilidade dos Computadores contribuiu, largamente, para um ambiente salutar nos intervalos. Eles sempre descobrem formas de se distrair. O nosso papel é permitir que eles se organizem. O intervalo é deles!

■ **Como conseguem que os alunos façam uso da internet de forma equilibrada, "disciplinada"?**

Tenho ouvido falar que o uso da internet em algumas escolas mundo afora está sendo mal monitorado. E, com isso, está sendo usada de forma indisciplinada, servindo, inclusive, à prática de crimes virtuais. Sabemos da grande fascinação que o hipertexto exerce sobre nossos olhos e, para crianças, é mais sedutor ainda. Se os adultos dificilmente vão direto ao que interessa, quando acessam a internet, o que diremos das crianças?

Professora:

Na nossa escola, uma das Responsabilidades que existe denomina-se Computadores e Música. Este dispositivo, de certa forma, ajuda-nos nesta questão. Todos os alunos na escola têm acesso ao computador e à internet. No entanto, esse acesso é "controlado" e monitorizado pela Responsabilidade referida, bem como pelos orientadores educativos. Existem algumas regras a serem cumpridas.

Os alunos não conseguem aceder a todos os *sites* que querem, uma vez que as ligações não são permitidas. Tudo está configurado para que tenham apenas acesso aos *sites* que consideramos interessantes e úteis para eles.

Disciplina: mecanismos de autorregulação e/ou regulação participada

■ **Acredito que a aceitação de si mesmo (autoestima), o comprometimento com as atividades escolares e os vínculos criados são pontos-chave para chegar à disciplina com liberdade e autonomia no ambiente escolar. Entretanto, para chegar ao ideal, temos que partir do que temos e o que temos nem sempre é o ideal. Para fazer a grande mobilização, a grande ruptura, por onde começar? Como ajudar a promover a intenção de mudar no grupo de professores? No início do projeto Fazer a Ponte, como se organizaram as assembleias? Que atividades prévias foram feitas com professores e alunos a fim de que se inteirassem do processo e se preparassem para um trabalho novo, como o da Assembleia que se constituiria a partir dali? Qual a noção/conceito (liberdade, autonomia, alteridade, cidadania, solidariedade etc.) imprescindível para ser trabalhado com o aluno e o professor numa escola que busca soluções para problemas de disciplina?**

Professores:

Concordamos consigo, quando diz que alguns dos fatores que promovem a disciplina são a autoestima, o comprometimento com as atividades escolares e a relação com professores e alunos. Para se sentirem bem com os seus pares, os alunos têm que se sentir bem consigo, aceitarem que as suas diferenças não podem ser sinônimas de incompatibilidade. Isto é: o aluno deve ser reconhecido e valorizado pela sua individualidade, mas deve perceber que a caminhada para a liberdade não está indissociável da caminhada para a responsabilidade.

Este processo de reconhecimento individual é feito em interação com o resto do grupo e, desta forma, pode dizer-se que a autonomia não se consegue sem a ajuda dos outros.

Os alunos que entram para a Ponte estabelecem interações, que decorrem do próprio sistema organizacional da escola e que facilitam a integração "disciplinada". O trabalho de grupo promove o exercício

Responsabilidade	Biblioteca	Jornal	Datas e Eventos	Correio e Visitas	Computadores, Música, Cartazes e Companhia
Local	Espaço da 1ª Vez	Espaço 1: 1º andar	Espaço 2: R/C	Artística	Espaço 3: 1º andar
Orientadores Educativos	Rosária Nídia	Ana Rosa Filipa	Rosa Ângela Francisca	Marco Ana Moreira	Paulo Rodrigues Alexandra
Alunos	Eduardo Campos Lara Coelho André Ribas Joana Costa Rui Manuel José Esp. Ana Rita P. Luís Crespo Francisco Martins Agostinho Ana Neto Daniel Cunha Ana Margarida	Maria Duarte Afonso Rui Alves Henrique Ferreira Gabriel Garcia Nuno B. Fernando Lara Isabel Diogo A. Ana Marta Francisco Gomes Marco Miguel Evaristo André Carvalho Beatriz Leal Tiago Paulo Tomás Isabel Machado	Mariana Ana João Miguel Machado Érica Neto Margarida Soares Isabel Vasco Pinheiro Rafael Moreira Pedro C. David Costa Rafael Stewart Carina Nuno Elói Vítor Martins Erick Péres Antônio Freitas José Rafael Diogo Cardoso	Francisca Matilde Valença Sofia Pinheiro João Gouveia Carina Bruna Eduardo Macedo Margarida Andrade Daniel Mariana Henrique S. João Simões Ana Catarina Alexandre Nuno Magalhães Rafael Stewart	Francisco Ribeiro Gabriel Maria Inês Maria Amado Duarte Ferreira Cristiana Soares Oriana Edgar Joana Silva Igor Tiago Torres João Miguel Iuri Luís Pedro Hélder João Ferreira Liv Vieira

Terrário e Jardim	Recreio e Jogos de Mesa	Eco-Escolas e SR	Convênios	Solidariedade	Murais e Material Comum
Polivalente	Espaço 4: 1º andar	Espaço 3: R/C	Espaço 2: 1º andar	Gabinete	Artística
Aurora Simão	Cristiana Topa	Cláudia Rosa Ramos	Mafalda Adelina	Alívio	Paulo Machado
Erik Carolina Francisco Mariana Neise Maria Carolina Maria Mendes Luís Mendonça Ana Odete Cláudia Juliana Samanta Tiago Torres João Costa Daniel Furtado Maria Mendes Débora	Matilde Henrique Daniel Inês Santos Gabriel Lopes Ruben Clamote Ruben Cunha Francisca Martim Martins Carlos Joel David Braga Antonio Filgueiras Ruben Veloso Pedro Salgado Fábio Sorrentino Bruno Gouveia Ricardo Lago André Costa	Helena Gustavo Guilherme F. Ana Azevedo Dinis Silva João Paulo Tomás Lucas Diogo F. Joé Dinis Vera Hugo Carlindo Nelson Martinho João Gouveia Vasco Andrade	Rita Maria Ferreira Eva Carolina Gonçalves Lara Monteiro Liucas Carneiro Bruna Salgado Jorge Diogo Mafalda R. Tiago Rafael Bruna Miranda Ana Cláudia Júlio Silva Juliana Pereira Ermelinda Silva Simão João Pinheiro Clara Evaristo Francisco Filgueiras Miguel Stewart	Martin Nuno Azevedo Diana Henrique José Luís Cardoso Eduardo Soraia João Paulo Filipa Gabriel Rafaela Miguel Almeida	Francisco Miguel Costa Iara Sara Esteves Dinis Sofia Beatriz Lara Martins Martim Ludgero Francisco Silva Maria Gerardo

da negociação entre pares, a tolerância, a solidariedade e as decisões partilhadas. O trabalho com diversos professores, que se entreajudam, demonstra o espírito de cooperação e partilha, que deve ser veiculado diariamente e inibe os alunos de atitudes ou comportamentos menos disciplinados. A ausência de horários e o planejamento diário responsabilizam o aluno e comprometem-no no seu processo de ensino-aprendizagem, dando ao mesmo tempo sentido ao que fazem, uma vez que são os próprios alunos que planejam.

Para além destes aspectos, que para nós se assumem como verdadeiros dispositivos de trabalho, as relações que se estabelecem entre professores e alunos são muito próximas e ajudam-nos nesse trabalho de desenvolvimento das atitudes e dos comportamentos.

É evidente que a gestão dessa proximidade com os alunos deve ser esclarecida: embora estando permanentemente em relação de afetividade e carinho, o professor deve ser capaz de atuar com assertividade e firmeza nos momentos próprios.

Em relação à Assembleia e, particularmente, ao processo eleitoral, vamos partilhar um pouco da nossa experiência mais recente na Ponte (só cá estamos há três anos).

No início de cada ano letivo, é necessário começar os preparativos para a constituição da nova mesa da Assembleia. Os alunos começam por formar a comissão eleitoral, que irá organizar e supervisionar todo o processo eleitoral. Estando estabelecidas as normas (criadas por eles), começam a formar-se as listas. Cada lista é formada de acordo com as normas do regimento da Assembleia. Posteriormente, os alunos iniciam a sua campanha eleitoral, criando promessas a serem cumpridas, se forem eleitos.

A comissão eleitoral verifica se todos os alunos têm o cartão de eleitor e supervisiona o dia das eleições. A mesa é constituída por elementos das várias listas.

Em relação à última questão: em nossa opinião, nenhum valor se sobrepõe a outro. São indissociáveis, na medida em que o aluno não pode exercer cidadania sem ser responsável autônomo e solidário. A sua liberdade é necessariamente partilhada e deve evidenciar

ESCOLA DA PONTE

o respeito pelo outro. Todos esses conceitos formam uma simbiose perfeita, que sustenta o projeto educativo da Escola da Ponte.

■ **São os alunos que criam as regras, que eles mesmos têm que cumprir, regras significativas e não impostas. Qual é o "tempo" da tolerância das crianças com relação a outras, que não as cumprem? Como os professores intermedeiam as atitudes de intolerância de um grupo com outro, ou de um aluno com outro? Como é feita a adaptação às regras estabelecidas, no início do ano letivo, com os alunos que entram no decorrer do ano? A Escola da Ponte não tem limite para nenhum aluno, ou seja, ela não faz exclusão em nenhuma situação de crise?**

Professores:

Acreditamos ser fundamental a existência do conceito de disciplina democrática na escola. Poderá não ser a solução para todos os problemas, mas será uma ajuda muito grande. Como dizia Freinet: "o principal critério é que todos a discutam e assumam."

A problemática da indisciplina, ou da falta de disciplina, que assola as escolas de todo o mundo, exige uma reflexão aberta e profunda por todos os intervenientes escolares. Se, por um lado, não deveremos fazer de conta que o problema não existe, também não deveremos querer ou esperar que os nossos meninos sejam cordeirinhos obedientes e passivos. Não devemos misturar as águas, "confundindo obediência com respeito". Daí a importância da existência de uma lista de Direitos e Deveres criada pelos próprios alunos, da utilização de dispositivos para que a escola funcione com equilíbrio, de uma Assembleia de escola em que os alunos podem discutir abertamente todos os seus problemas diários, a escolha (livre, mas responsável) das suas aprendizagens etc.

Você pergunta como intermediar todos estes conflitos entre alunos que cumprem as normas e alunos que possuem mais dificuldades em fazê-lo. Diremos que não é fácil, quer para professores, quer para os alunos. Mas o fato de os grupos de trabalho serem heterogêneos e construídos em critérios relacionados com a afetividade facilita um pouco esse trabalho. Eles aceitam melhor um conselho, um pedido, ou mesmo uma ordem vinda de um colega de trabalho, com quem eles se identificam. E aceitam como legítimo o trabalho entre pares.

Poderá acontecer de alunos com mais dificuldades acabarem por usufruir mais direitos do que outros. Esta situação é muito perigosa e pode criar sérios problemas. Poderá ser combatida, se existir a preocupação de todos os alunos cumprirem com os seus deveres. Todos, sem exceção.

Todos os alunos percebem e sabem quais são os deveres e quando os estão a cumprir, ou não estão. A mesma coisa se passa em relação aos direitos, não fazendo sentido que uns usufruam mais direitos do que outros. Os meninos com mais dificuldades são os primeiros a chamarem os colegas à atenção, quando esta situação acontece, apesar de todas as suas dificuldades. Os alunos percebem quando existem "alunos de primeira e alunos de segunda"...

Pelo que nos é relatado por colegas que já cá estão há mais anos do que nós, a escola foi recebendo, ao longo dos anos, imensos meninos com dificuldades várias (atitudinais e/ou cognitivas), que, de alguma forma, prejudicaram o trabalho e o funcionamento de toda estrutura escolar. Não queremos com isto dizer que a escola se deva fechar a esses meninos, bem pelo contrário: a escola tem o dever de recebê-los, de acarinhá-los e, fundamentalmente, de incluí-los. Esta responsabilidade não diz respeito apenas à Escola da Ponte, que é vista por muitas pessoas (pais, psicólogos...) como o último recurso de que dispõem para que esses meninos sejam minimamente felizes e integrados.

Em nossa prática pedagógica e observações, que temos feito nos espaços escolares, temos também nos convencido cada vez mais de que a indisciplina não se trata apenas de uma manifestação comportamental, mas de uma forma que os alunos encontram para darem respostas aos problemas que enfrentam e não conseguem lidar. Se nossas escolas ditas "tradicionais" sufocam nossos alunos, eles respondem a isso com sua indiferença e agressões. Concordamos

que a expulsão e a exclusão não salvam o nosso aluno, mas o condenam à "morte". Carinho, amor, firmeza, autoridade e solidariedade, se bem utilizados pelo professor, transformam e fazem do aluno um verdadeiro ser humano e do espaço escolar um lugar que se sabe amar. Acontece na Escola da Ponte divergências de ideias entre os professores quanto às suas posturas diante dos alunos indisciplinados? Como resolvem este impasse?

Professores:

Também nós pensamos que as manifestações de maus comportamentos, ou de comportamentos indisciplinados, estão relacionadas com problemas que afetam os meninos, no seu dia a dia, dentro e fora da escola. Tudo se agrava, quando não conseguem desenvolver relações sociais de afetividade com outros alunos de meios sociais diferentes. As complicações continuam quando chegam a uma escola qualquer e deparam-se com uma série de regras previamente estipuladas, que têm de cumprir cegamente.

É fundamental promover a negociação, a discussão, a troca de ideias, a persuasão... Os alunos cumprem mais o que eles próprios decidem, o que eles propõem e constroem, o que eles sentem como significativo. Se os alunos não cumprirem o que eles próprios deciram, os professores apenas têm que os relembrar que não estão a cumprir as suas regras. É preciso dar algo para recebermos em troca...

Não será com expulsões ou exclusões que o problema será resolvido. Se expulsarmos um aluno, apenas estamos a abandonar temporariamente o problema, que vai crescer e piorar com essa atitude. O aluno percebe que o professor está a desistir dele e sente-se ainda mais revoltado. Já nos aconteceram várias situações em que determinado aluno "fora de si" sabota o trabalho. A nossa atitude deverá ser sempre coerente com os outros alunos e com as regras estabelecidas, ou seja, não permitir que tal aconteça, nem fazer de conta que nada se passa. São essas as situações em que os alunos nos testam no limite. Quando reagimos com calma e muita firmeza, eles sentem que estão a errar e repensam a sua forma de estar e de atuar. Tudo passa mais pela responsabilização do que pela repreensão. Há dias atrás, aconteceu o seguinte episódio com um aluno, que reagiu de forma desadequada a uma chamada de atenção:

Professor: — Achas que tiveste uma reação correta?

Aluno: — Acho. Eu tinha razão…

Professor: — E não achas que faltaste ao respeito a um professor que nunca o fez contigo?

Aluno: — Ó professor!…

Professor: — Fico muito triste por saber que não me respeitas da forma que eu te respeito!

Aluno: — Ó professor… Eu não queria faltar ao respeito!

Professor: — Querias que eu te tratasse mal, ou que te insultasse?

Aluno: — Não… Claro que não!

Professor: — Ok. Então já sabes como eu me senti com a tua atitude…

Esta frase fez pensar um aluno que reage de forma "agressiva à agressividade". Mas nem todas as situações acabam com finais felizes, nem sempre as coisas correm como nós queremos, embora seja na coerência das atitudes de hoje que poderão estar os resultados de amanhã. Os alunos sabem isso melhor do que ninguém!

■ **Ocorre-me uma questão a respeito da autoridade estabelecida na relação democrática da escola. O que fundamenta essa relação é considerar as diferentes opiniões, debatê-las, acolher argumentos, reafirmar os fundamentos da cooperação, diálogo, aprendizagem para a vida? E exigi-los sem autoritarismo? Do que se constitui essa autoridade? Em que ela se apoia? O que a abala? Como isso se resolve?**

Professora:

Será interessante refletir sobre a relação entre o autoritarismo e a indisciplina, ou seja, como a indisciplina poderá ser, em alguns casos, filha do autoritarismo.

Na nossa escola, a existência de Direitos e Deveres, da Assembleia, da Comissão de Ajuda, do Acho Bem e do Acho Mal, por exemplo, faz com que o espírito de diálogo, de cooperação e de responsabilização envolva toda a comunidade escolar, num processo de aprendizagem contínua, já que os protagonistas, os contextos e as condicionantes variam *ad infinitum*. Assim, ajudamos os nossos alunos a serem cidadãos ativos e conscientes, socialmente implicados.

Professor:

Quando falo de autoritarismo, falo de decisões que são impostas sem a mínima racionalidade, sem haver discussão e negociação de significados. Na Ponte, tentamos ao máximo perceber bem o que se passa em cada situação. Depois, fazer cada pessoa pensar no seu comportamento e sobre a justiça dele. Finalmente, tentamos que a pessoa pense numa forma de compensar e evitar futuramente o mesmo comportamento.

O que resulta desta abordagem é que clara e facilmente os jovens compreendem que o grande objetivo é que cada um se aperceba dos seus comportamentos e da necessidade de alterá-los por compreender que não são os melhores.

Exemplifico com um caso de hoje: houve um problema no intervalo de almoço. Um aluno, que chegou à nossa escola neste ano, insultou um colega com uma palavra bastante imprópria. Depois de almoço, juntaram-se os envolvidos e dois ou três dos implicados. Perguntou-se a todos o que havia acontecido e todos concordavam com o relato dos conhecimentos, exceto... o aluno que chegou este ano à escola. Após alguma discussão (no bom sentido da palavra), um dos colegas disse algo como: *"Oh pá, não vale a pena estares com isso. Estás a pensar que alguém te vai bater ou pôr de castigo? Só estamos a tentar compreender o que fizeste e que assumas o que fizeste."*

É este o caminho que queremos seguir. Nem sempre é fácil. Por vezes, também é difícil para nós (adultos) seguirmos este caminho, mas vamos melhorando...

- Como tratam uma "indisciplina mais grave"? Os pais são comunicados? Participam junto com a escola da decisão a ser tomada? Essa "indisciplina" é também discutida em Assembleia?

Professora:

A experiência diz que eles aceitam melhor um conselho, um pedido ou mesmo uma ordem vinda de um colega de trabalho, com quem eles se identificam, aceitando-o como legítimo.

Mas esta estratégia, por vezes, falha...

Posso partilhar algumas das propostas dadas em Assembleia: fazer o aluno refletir, durante um longo período, nos intervalos do trabalho, fazê-lo acompanhar a Comissão de Ajuda, ajudando-a na resolução de outros conflitos, discutir o seu comportamento na Assembleia, perante todos os colegas, e conversar com os encarregados de educação para intervir, em parceria, de forma coerente.

Essas e outras propostas foram discutidas pelos alunos e continuarão a ser tema de debate ao longo do ano, pois, em minha opinião, aqui reside uma das melhores estratégias de intervenção nesta escola: a da discussão aberta e a do debate regular em torno de problemas que, à primeira vista, numa outra escola, seriam relativos a um aluno, mas que na Ponte, se tornam problemas de toda a escola.

Disciplina e limites: implicação na aprendizagem

- Entendo que na relação aluno-professor é importante o respeito, a cordialidade e o diálogo. Mas quando o assunto é indisciplina, às vezes, esses requisitos não são suficientes. Creio que todo professor já passou por alguma situação inusitada e, muitas vezes, sente-se frustrado de não conseguir lidar com alunos que apresentam distúrbios de comportamento. Quais são os mecanismos ou as estratégias utilizadas pela Ponte para os grupos de iniciação, no processo de construção da autonomia, principalmente, para aqueles que

estão acostumados com o ensino tradicional? Quais são as principais dificuldades dos alunos no rompimento (tradicional para renovado)?

Professor:

Será importante esclarecer que, quando um aluno ingressa na escola pela primeira vez, não quer dizer que vá integrar o Núcleo da Iniciação. Se se trata de um aluno autônomo e responsável, poderá integrar de imediato o núcleo da consolidação ou até o do aprofundamento. O novo aluno será integrado num grupo de trabalho, que o irá ajudar e orientar para novas práticas, desde logo na utilização dos dispositivos que regulam todo o funcionamento diário. Por outro lado, o professor-tutor e respectiva tutoria deste novo aluno desempenham um papel fundamental no acolhimento dele.

Pela experiência que temos, a adaptação será mais fácil, quanto mais novo for o aluno. Algumas das dificuldades com que nos deparamos advêm do fato de, nos últimos anos, a Escola da Ponte ter recebido imensos alunos que, para além de possuírem imensas carências cognitivas (que não conseguiram obter boas respostas em outras escolas), chegaram ao projeto com uma idade já muito avançada e com muitos "vícios" adquiridos, que em nada ajudaram à sua adaptação. Também existem casos em que tal não se passou e a adaptação decorreu de forma gradual e satisfatória, apesar das condicionantes atrás mencionadas.

As principais dificuldades com que se deparam esses alunos estão relacionadas com o autoplanejamento, com a capacidade de pesquisa, entreajuda e no trabalho em grupo, uma vez que não estão habituados a fazê-lo (exemplo: plano do dia e da quinzena; trabalho em projeto etc.). É aqui que entra a ajuda do grupo, dos professores (em especial do professor-tutor) e de todos os colegas.

Não acontece na Ponte casos de reincidência em atitudes negativas? E aí, como agem?

Educadora brasileira:

Algumas crianças eram bastante agressivas e aconteciam muitos casos de reincidência. A Ponte criou alguns mecanismos para gerenciar o ambiente moral, como os quadros Acho Bem, Acho Mal, a Comissão de Ajuda e a própria Assembleia. A Comissão de Ajuda, composta por alunos escolhidos pela mesa da Assembleia e pelos professores, tem como uma das funções ajudar a resolver alguns conflitos cotidianos, o que dilui a figura do professor como o responsável pela resolução dos "problemas". Mas em algumas situações, pude perceber a necessidade de atitudes mais firmes dos docentes e mesmo a intervenção da psicóloga para resolver questões relacionadas às crianças mais agressivas.

■ **Existe uma relação estreita entre a disciplina e os limites e o processo de autoavaliação? Pergunto isso porque trabalho com turmas de Progressão do 3º Ciclo, isto é, adolescentes com problemas de aprendizagens e consequentes problemas disciplinares. Quando terminam o ano escolar, estão diferentes. Embaso muito o meu trabalho no diálogo e na transparência. A autoavaliação é o mecanismo que utilizo para a superação das dificuldades, tanto disciplinares, quanto de aprendizagem. Não consigo perceber uma coisa sem a outra. O que acham disso?**

Professor:

É essencial que a nossa capacidade de autoavaliação esteja bem desenvolvida. Quase tudo que acontece na nossa vida é um processo interativo, em que agimos, autoavaliamos o que fizemos e voltamos a avaliar...

■ **Pensando na adolescência como a fase da "transgressão", da "contestação", como trabalhar a disciplina com esses alunos dentro de um grupo tão heterogêneo?**

Professores:

Já trabalhamos com alunos de outras escolas com as chamadas "idades problemáticas". Naquilo que consideramos como fundamental e indispensável, a diferença não é muita em relação aos restantes alunos. Se, por um lado, parece evidente para todos que os jovens com essas idades possuem necessidades muito específicas que devem ser respeitadas, outros desejos, outras dificuldades, outras ansiedades, outras barreiras, também nos parece claro que sem responsabilidade, sem solidariedade, sem autonomia e sem democraticidade, não é possível desenvolver uma aprendizagem satisfatória.

Se para os alunos menores já é difícil acatarem uma ordem dura, o que dirão alunos com idades compreendidas entre os 14/15 anos? É importante falar de forma diferente com esses alunos, utilizar caminhos diferentes para cada um deles. Por outro lado, não é isso que fazemos com os restantes? Por vezes, poderemos cair no erro de acharmos que, para esses alunos, já não é necessário uma aposta forte no desenvolvimento de atitudes, porque (como já ouvimos dizer) já acontece "fora da idade"! Será assim? O desenvolvimento das aprendizagens não está associado ao desenvolvimento das atitudes? Será possível dissociar as duas componentes?

A aposta forte no desenvolvimento das atitudes poderá ajudar muitos alunos a pensarem pelas suas próprias cabecinhas. Mas é preciso reconhecer que não existem receitas mágicas, ou práticas infalíveis. Infelizmente, teremos exemplos de alunos que não conseguem ultrapassar "partidas" que a vida lhes apresenta.

■ **Há autores que defendem a tese que todo ato de indisciplina é a princípio um sinal de que há algo de errado na relação de aprendizagem, em outras palavras, é um termômetro da relação educando-educador, salvaguardados, é claro, os casos diagnosticados que extrapolam o ato indisciplinar. "Combinados" claros, contratos objetivos e levados a risca por todos da comunidade escolar dão certo, a minha experiência como profissional também é testemunho disso.**

Talvez o grande problema não seja a indisciplina, em si, mas as consequências dela, como atos de violência maiores do que a própria indisciplina, como agressões físicas. Este tipo de violência

é um dos principais problemas da educação pública aqui no Brasil. Pode-se considerar, contudo, a indisciplina como um ato de violência?

Professora:

Relativamente à primeira parte da sua questão, comecemos assim: criança motivada é criança disciplinada. O aluno necessita se sentir motivado para as tarefas e saber por que razão as faz. A aprendizagem descontextualizada e desprovida de significação não dá resposta aos comportamentos. A aprendizagem com sentido é a aprendizagem refletida. Para que o aluno sinta a escola como espaço que proporciona alegria e prazer (mais do que espaço de ocupação), ele tem que encarar a sua permanência como uma espécie de filiação em algo que só é construído por ele e para ele.

Concordo com a tese de que "o ato de indisciplina é um sinal de que há algo de errado na relação de aprendizagem". Na nossa perspectiva, trabalhar sem orientação definida gera desmotivação, comportamentos desadequados no espaço de trabalho e insatisfação em face do papel que a escola deveria exercer sobre o aluno.

A felicidade das crianças constrói-se pelo trabalho, pela tarefa que é prazerosa, que é intencional, que tem em vista o desenvolvimento de determinadas competências e a melhoria do indivíduo como ser pensante.

Acreditamos que as tarefas definidas pelo professor, pensadas por ele, sem ter em conta os interesses individuais do aluno, sem promover o envolvimento e a motivação, são fatores mais que suficientes para a indisciplina.

Ser criança ou jovem não significa que não se entenda o mundo em nossa volta, não significa que não questionemos o que observamos. Tanto mais que as crianças e os jovens são dotados de uma sensibilidade tal que nem os adultos, por vezes, são capazes de demonstrar. Contudo, muitas precisam sentir a seu lado um professor dotado também ele de "sensibilidade e senso humano", porque, infelizmente, não o encontram nas famílias. É aqui que, ao nosso papel de orientadores, acresce a tarefa de ser educador. Infelizmente, nem todas as crianças da Ponte encontram no final de um dia de escola toda a atenção e respeito que por direito deveriam ter.

Relativamente à segunda parte da sua questão, em que refere que a indisciplina gera violência, penso que esta ocorre quando não está interiorizado um espírito de carinho e assertividade nos mediadores do conflito e em dose certa. E quando se confunde autoridade com autoritarismo...

Falando assim, parece que tudo é tarefa fácil, mas não é. No nosso dia a dia, nós temos momentos em que sentimos dificuldades, mas existem na Ponte fatores que facilitam e nos ajudam. Destaco o fato de trabalharmos em parcerias e grupos de professores, de nunca estarmos sozinhos numa sala de aula, de termos sempre um colega que está presente nessas situações de possível indisciplina-violência. Destaco o fato de construirmos com os próprios alunos uma atitude de solidariedade e cooperação, que os leva a intervir de imediato, quando um colega não tem a melhor atitude. Destaco dispositivos, como a Comissão de Ajuda, que atua tentando fazer o aluno refletir e levá-lo a alterar a sua postura, e da Assembleia, que busca soluções e denuncia os incumprimentos. Destaco ainda o fato de nenhum caso de alteração de comportamento de um aluno nos ser indiferente e de nos reunirmos em equipe, semanalmente, para juntos conseguirmos encontrar a melhor estratégia de trabalho e de abordagem aos alunos. Destaco também o trabalho de aproximação às famílias, de permanente comunicação (através do caderno de recados e do professor-tutor), que possibilita uma mediação mais eficaz, na tentativa de garantir que em casa a reflexão também ocorrerá.

Educar para os valores, respeitar a individualidade e a diferença, e aprender a ser, além de aprender a aprender, são algumas das metas que nos motivam e nos norteiam. Tendo essas metas bem interiorizadas e tendo a ajuda de quem conosco trabalha, acredito que estamos, verdadeiramente, a concretizar um projeto educativo.

■ O que é considerado indisciplina por parte dos alunos da Escola da Ponte?

Ex-aluna:

É para mim uma honra saber que o nosso testemunho pode ajudar a repensar e a questionar o que é para muitos um dogma, ou seja, a utilidade do ensino "tradicional", não querendo, contudo, dizer que este não tem, também, os seus méritos.

Indisciplina é o completo desrespeito pelo direito dos outros! A minha liberdade termina onde começa a liberdade do outro. O respeito está na base de uma vida em comum. Sem esta consciência da implicação dos nossos atos na vida dos outros, a cidadania extingue-se e tudo aquilo que nos distingue dos animais, além da inteligência, desaparece.

Sempre que o cumprimento dos deveres criados e discutidos, pelos alunos, em Assembleia é posto em causa, estamos perante um caso de indisciplina, e logo entra em ação o órgão Comissão de Ajuda, que irá pensar na melhor maneira de fazer o aluno em questão tomar consciência do seu ato, remediando-o.

Afeto: investimento de longo prazo

> "A educação sozinha não transforma a sociedade,
> sem ela tampouco a sociedade muda."
>
> Paulo Freire

■ Como é observada a questão da disciplina nos casos de alunos que têm contextos familiares muito problemáticos? É observada alguma alteração de comportamento nesses alunos, sendo necessário que se retome o processo "do zero" muitas vezes? Ou o fato de vivenciar situações completamente diversas das da Ponte nas suas próprias casas não altera o comportamento deles quando

na escola, depois, é claro, de um convívio que permita a eles conhecer/vivenciar o processo que se desenrola dentro da Ponte em termos de convivência e respeito ao coletivo? E há comentários vindos das famílias sobre este processo?

Professor:

Em três décadas de projeto (sem "familiarizar a escola" ou "escolarizar a família"), vivemos muitos exemplos de modificação de comportamento. O trabalho dos professores-tutores operou autênticos "milagres". Muitos pais de alunos que acolhemos compreenderam a vantagem de estabelecer laços de colaboração com a escola, reformulando a sua relação com os filhos. E a Ponte aprendeu muito na sua relação com as famílias. Sobretudo nos casos em que não conseguiu produzir alterações sensíveis. Ficamos com matéria para reflexão: onde falhamos?

Professoras:

Vivemos uma época em que o desemprego está a aumentar, a pobreza, o pessimismo, a crise econômica, os divórcios, a violência banalizada...

O que pode a escola esperar de uma criança que não tem um ambiente familiar estável, que não respeita ninguém, que não tem referências positivas? Perde o direito de frequentar a escola porque o seu capital cultural não é compatível com o capital cultural da escola?

A escola pensa unicamente no sucesso escolar dela? Não tem o dever de lhe dar carinho, tentar "sarar feridas internas"? Se a escola não tiver esse cuidado, a criança responderá com raiva, muita raiva, desilusão, tristeza, inadaptação, solidão... Quando sabemos do "historial" de algumas crianças que acolhemos na Ponte, chegamos à conclusão de que as escolas não estão pensadas para ajudá-las. Muitos alunos manifestam comportamentos indisciplinados só para dizer que estão ali, que existem. A transformação dessas crianças faz-se em longo prazo, com persistência.

■ **Falando de disciplina, lembrei-me da experiência que tive utilizando o livro de Carlos Rodrigues Brandão, *Aprender o amor: sobre um afeto que se aprende a viver*, no qual ele fala de forma poética e prazerosa sobre os valores do homem na atualidade. Gostaria de saber se vocês já o leram e se concordam comigo de que há necessidade de buscarmos outras formas para se trabalhar com os valores.**

Esse livro me ajudou muito a refletir com meus alunos do curso de Pedagogia, utilizando uma linguagem mais filosófica sobre este assunto, e com menos "pedagogês", pois há tempos venho percebendo como nossos discursos estão viciados e decorados, com pouco significado: "Formar para a cidadania... ser sujeito ativo... sujeito transformador da realidade...", e aí, o que de fato é isso tudo? Sei que a preocupação da Escola da Ponte está voltada para fazê-lo, para as ações no cotidiano, muito mais que para o discurso e/ou para os famosos projetos político-pedagógicos, que ficam só no papel. O livro do Brandão também me possibilitou esta vivência, pois ele comenta sobre a partilha, sobre a amorosidade, sendo... amoroso, sendo paciente, sendo cuidadoso. O que vocês pensam a respeito? Vocês têm outras experiências para contar para nós? Como vivenciarmos disciplina, explicitamente relacionada aos valores, de uma forma coerente, com cada um de nós e dos nossos alunos, sem ficarmos somente no discurso?

Professores:

Gostaríamos de partilhar algumas experiências mais reais que na Ponte temos vivido. Como em qualquer outra escola, nem todos os alunos que estão na Ponte iniciaram o seu percurso aqui. Alguns, vindos de contextos educativos radicalmente opostos, trazem consigo toda uma história de abandono escolar, familiar e marcas afetivas que não lhes permitem aproximar-se dos colegas facilmente, ou integrar-se serenamente. No entanto, ao longo dos poucos anos que aqui estamos, temos verificado algo que para nós é muito significativo e nos sensibiliza: um dos sintomas iniciais dos alunos ao acolhimento que aqui encontram por parte de professores e alunos é, imediatamente, o da assiduidade.

Outro dos aspectos mais significativos é o fato de reconhecerem a grande aceitação do grupo de trabalho, apesar de "serem como são" (palavras dos alunos). Outro dos sinais de que a Ponte, aos poucos, consegue ensinar amor é o fato de muitos voltarem à Ponte em visita e lembrarem momentos do passado como sendo recordações positivas.

Uma autoridade construtiva

■ **Como os casos de indisciplina são discutidos pela Assembleia? Há reuniões específicas para as discussões junto ao corpo docente? Como o grupo de professores age diante de um professor equivocado com as posturas que deve assumir para fazer a Ponte?**

Li a seguinte fala: "Os professores exercem uma autoridade construtiva, para que os alunos conheçam e reconheçam os direitos e deveres elaborados." Gostaria de saber, em detalhes, através de um exemplo prático de intervenção, em coisas do dia a dia, como o professor exerce essa autoridade construtiva.

Professoras:

A autoridade construtiva está intimamente ligada ao desenvolvimento de competências sociais: a consciência cívica dos alunos, a responsabilidade, a capacidade crítica, a participação individual ou coletiva na vida da escola, os debates, a tomada de decisões, o trabalho de grupo, a partilha, a Assembleia, a comissão de ajuda... E a qualidade da relação professor-aluno acaba por ser um "ingrediente" fundamental. Na Ponte, não há imposição de regras, porque os deveres e os direitos são construídos e aprovados pelos alunos. Desde cedo, eles percebem que têm determinados deveres e direitos. Aprendem que não têm só direitos, que também têm deveres... As crianças percebem que existe a necessidade da existência de normas, para o bem-estar de todos.

O orientador educativo deve procurar estabelecer uma relação afetuosa com os alunos, recordando os deveres, quando estes não são cumpridos. É através da família, do diálogo e da reflexão das atitudes incorretas que os orientadores educativos procuram resolver os problemas de indisciplina. O diálogo é a força motriz da relação entre o professor e o aluno.

■ **Na escola em que trabalho muitos professores reclamam que seus alunos são indisciplinados, mal-educados, e percebo que, em suas salas, têm um clima tenso, de constantes gritos. Fico pensando: será que o problema está nas crianças ou no professor? Como o professor quer passar valores aos seus alunos, aos berros, sem nenhuma ternura e compreensão? É preciso escutar o que a criança tem a dizer, prestar atenção em seus desejos, conflitos e ansiedades. Acredito que a indisciplina está muito ligada à falta de interesse e motivação. Ainda mais, se a escola se preocupa apenas com os conteúdos, em não atrasar a matéria... Então, como fazer? Sei que não existe receita, mas que conselhos vocês poderiam nos passar?**

Professor:

A resposta à pergunta está contida nas perguntas. Mas, apesar de me parecer redundante, farei um breve comentário, porque partilho das preocupações.

Se "as salas têm um clima tenso, de constantes gritos", quais as causas da tensão e qual o efeito dos gritos? Já falamos sobre isso neste curso. Mas ouso sugerir que os professores busquem causas e não lamentem consequências.

Pergunta: "o problema está nas crianças ou no próprio professor?" Estará em ambos e não só: o problema está nas famílias, é de natureza social. O professor está sempre "passando valores" aos seus alunos. E também os pode passar "aos berros, sem nenhuma ternura e compreensão". Já compreendeu que tipo de valores passará...

Como disse, você dá a resposta às suas perguntas. Entre outras coisas, *"é preciso escutar o que a criança tem a dizer, prestar atenção em seus desejos, conflitos e ansiedades"*. E acrescenta: *"Ainda mais, se a escola se preocupa apenas com os conteúdos, em não atrasar a matéria..."* O que é preciso, então, fazer? Repensar a escola. Eu sei que é difícil, mas não é impossível.

■ **Deparo-me com a questão familiar e estrutural, de base socioeconômica, que influencia o comportamento da nossa meninada. A soma da falta de carinho, dureza e amor (adorei esta tríade) resulta numa criança que não conhece limites, ou seja, não traz a disciplina de casa?**

Onde surgiriam ideias e ações inovadoras? O dia a dia da escola tradicional é destrutivo, às vezes penso se estamos no lugar certo, se é por aí que conseguiremos mudar algo. O resultado da falta de investimento do Estado e de ideias inovadoras de quem coordena a educação despeja a desestrutura educativa em casa (desemprego, alcoolismo, frustração) ou na escola (número de alunos, formação de professores), resultando em indisciplina do aluno. Como mudar a situação?

Reunimos 300 alunos, para uma Conferência Infantojuvenil de Meio Ambiente. A falta de respeito com os colegas, além do barulho gerado, foi de dar desânimo. Pensei: ainda não foram preparados! Por que não começarmos em salas de aula com "apenas" 40 alunos estimulando o debate, a articulação de ideias e a deliberação, pensando daqui a dois anos? Existem estes passos pré-assembleia na Ponte?

Muitos professores não têm a visão e a paciência necessárias, visto que a maioria dos professores não dá aula porque gosta, porque vê perspectivas de mudança, e sim como alternativa, mais uma, de emprego. Talvez se fôssemos uma profissão mais reconhecida, isto não ocorreria. Os professores da Ponte são professores por opção? Em que isso influencia a organização da escola?

Como vocês lidam com os deslizes autoritários do corpo docente? Existe retratação? Como é esta exposição?

Temos que formar jovens alunos para formar novos jovens alunos, como mostrado na experiência de vocês. Existe um grupo, aqui, em São Paulo, no qual jovens têm compartilhado experiências entre gerações. A educação é o encontro da Juventude com a Sabedoria. Vocês conhecem esta experiência?

Para terminar, gostaria de colocar uma visão não muito original que tenho sobre liberdade, já relacionando com a disciplina. A liberdade nunca é somente individual, mas ela é sempre coletiva, o que exige muita disciplina. A falta de liberdade de opção pode resultar em revoltas e justas indisciplinas? Existe algum caso em que a própria indisciplina se organizou e virou disciplina, num novo paradigma?

Professor:

Afinal, quem está a formar quem?... Acabaste de me dar uma lição, o que agradeço. Vamo-nos formando uns aos outros, como vês.

A variável econômica, ou socioeconômica, da indisciplina é incontornável. A crise das instituições é um fato. E a Ponte que o diga: somos quase uma escola de última oportunidade para muitos jovens, que acumularam experiências traumatizantes, com origem nas parcas condições em que vivem.

A escola não pode resolver tudo. E a Ponte nem sempre consegue dar resposta aos seres que a ela acorrem. Já são portadores de tamanha violência, que dificilmente conseguimos realizar a reciclagem dos afetos.

Mas a variável socioeconômica não está sozinha. Consideremos a variável socioinstitucional. O que eu quero dizer é que, não raras vezes, o modo como as escolas estão organizadas potencia a indisciplina de que o jovem no ofício de aluno já é portador.

Quem institui as regras? Os alunos participam na sua definição? Numa sala de aula tradicional, com 40 alunos, sem apoio logístico,

ESCOLA DA PONTE

com escassa formação no domínio da relação pedagógica, o que pode um professor (isolado!) fazer?

Eu sei o que é trabalhar com turmas de 50 alunos. Conheço o sabor da angústia. Antes de chegar à Ponte, passei por situações em que senti impotência e desespero. Por isso me solidarizo com os professores que, hoje, vivem esse drama. Mas não me limito a uma solidariedade passiva: incito-os a ousar transformar as suas práticas (em coletivo), porque a indisciplina e o insucesso não são fatalidades.

Conseguir que centenas de alunos se comportem com maturidade democrática numa reunião de Assembleia, que saibam respeitar o outro, que saibam pedir a palavra, esperar a sua vez e fundamentar o que afirma, não é alcançado com um passe de mágica. É produto de um longo e paciente labor no campo do desenvolvimento sociomoral. Requer o exemplo dos professores. Requer o esclarecimento e a colaboração das famílias. Passa por momentos de preparação (preparação dos assuntos, definição da agenda, elaboração de propostas etc.), que antecedem a reunião semanal.

Alguns incidentes críticos serviram de assunto para reflexão na equipe de projeto, para podermos ajudar os que têm incorrido em deslizes autoritários a não os repetirem, e para podermos ajudar os que não têm autoridade a ganhá-la. Professores frouxos e professores autoritários podem ser "recuperados" através da solidariedade e persistência do trabalho cooperativo numa equipe de professores. Temos uma fé inabalável nas pessoas dos professores.

■ **Várias vezes vocês em diferentes falas referem-se à diferenciação entre autoridade e autoritarismo. Como vocês diferenciam?**

Professor:

Quando alguém utiliza uma situação de superioridade para impor a sua vontade, isso é autoritarismo. Autoridade é quando, utilizando um sistema de valores e condutas partilhado por todos, faz com que esses valores e condutas sejam respeitados.

■ Percebo em minha atuação que uma das causas da indisciplina da criança se deve ao fato de que o adulto não respeita a infância. Quando a criança não entende por que algumas regras devem ser seguidas, os adultos costumam dizer: "Tem que ficar quieto porque eu estou mandando", ou "Se comporte, se não vai para a diretoria". Ou mentem: "Quem não se comportar não vai para Educação Física", ou "Quem não ficar quieto não vai para o recreio" — frases repetidas, diariamente, que, muitas vezes, não se concretizam e que mostram aos alunos que o professor não cumpre o que diz (além de acabar desvalorizando a Educação Física, como se fosse atividade descartável).

O professor que está sempre mandando aluno para a coordenação ou direção, para resolver problemas de indisciplina, mostra que não consegue resolver os problemas sozinho, perdendo autoridade. E as atividades inadequadas, que geram indisciplina pelo simples fato de que os alunos não conseguem se interessar e dirigir a atenção a conteúdos sem sentido?

Na Ponte, o respeito ao aluno, às suas capacidades e ao tempo individual, além das responsabilidades a ele delegadas, faz com que cada educando se sinta parte do mundo e (o mais importante!) uma pessoa capaz?

Professor:

O autoritarismo, as mentiras e a transferência de responsabilidades não são caminho a seguir, para resolver problemas de indisciplina. Aqui, respeitamos a individualidade de cada aluno sem, no entanto, negligenciar as suas responsabilidades. Quando um aluno tem que entender que tem de seguir regras estabelecidas, isso acontece porque estas não são criadas por ele. Faz todo o sentido que seja o próprio aluno a contribuir para a construção dos seus "Direitos e Deveres". E, para se sentirem bem com os seus pares, têm que se sentir bem consigo. O aluno deve ser reconhecido e valorizado na sua individualidade, compreendendo que o percurso para a liberdade não é indissociável do percurso para a responsabilidade.

As relações que se estabelecem entre professores e alunos da Ponte são muito próximas. No entanto, a gestão desta proximidade com os alunos deve ser esclarecida: embora estando permanentemente em relação de afetividade e carinho, o professor deve ser capaz de atuar com assertividade e firmeza nos momentos devidos. O processo de reconhecimento individual é feito em interação e na socialização com o resto do grupo. A construção da autonomia não se consegue sem a ajuda dos outros.

Os alunos que chegam à Ponte estabelecem, de imediato, interações que decorrem da própria organização da escola e que facilitam a sua integração. A organização do trabalho de grupo promove o exercício da negociação entre pares, a tolerância, a solidariedade e as decisões partilhadas. O trabalho com os vários professores, que se entreajudam, reflete um espírito de cooperação e partilha que contribui para um melhor ambiente de trabalho. Por outro lado, a inexistência de horários e a necessidade de autoplanejamento responsabilizam o aluno no seu processo de aprendizagem.

■ **Faço a pergunta que Rubem Alves "culpou-se" por não fazer à menina que o guiou na Escola da Ponte, sobre o que acontece com os alunos "impenitentes/ reincidentes": o que acontece, se os desabafos na "Caixinha de Segredos" e o tempo de reflexão oferecido pela "Comissão de Ajuda" não surtirem efeito? As estratégias da Escola da Ponte para lidar com problemas de disciplina sempre dão certo?**

Professora:

É lógico que não lidamos com anjos, nem a Ponte é o paraíso. Há comportamentos reincidentes; há situações que se repetem, ainda que o menino ou a menina tenha entendido que errou e não deseje prevaricar. Isso acontece pela nossa incapacidade humana de perseverar no trilho certo e não porque a estratégia de reflexão não resultou. Trata-se de falha e não de maldade, ou de crueldade.

Na verdade, as situações a que me refiro, em que as crianças repetem o erro, são comuns e não de desespero — esquecer de cumprir alguns deveres: não bater no colega, não atirar papéis para o chão, não pedir a palavra. Não estou diminuindo a seriedade dessas falhas, mas quantas vezes nós mesmos reincidimos em erros? Quantas vezes nos apaixonamos pelo cara errado?... Mais importante do que anular uma ação errada por medo da punição é entender o porquê dessa incorreção e procurar não a repetir.

Devo, então, esclarecer: é lógico que, mesmo depois das intervenções positivas e de formação e engrandecimento emocional da Comissão de Ajuda, existem desentendimentos, brigas, rupturas. Mas são os alunos que gerem os conflitos entre eles. São os alunos que promovem a solução do problema e não um adulto que chega e dita regras. São eles que usam da sua criatividade, eles que investem na relação, que desenvolvem possíveis soluções. Em cada momento, em cada situação, com cada ser, os meninos encontrarão um jeito de resolver.

Professor:

Os casos mais complicados e reincidentes são, ainda assim, relativamente simples, quando comparados com o que acontece em muitas escolas. Por outro lado, em todos esses casos, existe uma razão forte no nível pessoal e/ou social para que isso aconteça. Há alunos que não fazem melhor porque não têm nenhuma hipótese de fazê-lo, ainda que todos os dias se esforcem. É preciso ajudá-los, com calma, carinho e firmeza.

■ **Percebi em alguns relatos que mesmo na Ponte há algum tipo de cobrança sobre os alunos por parte dos professores. Este tipo de atitude não representaria uma ação contra a liberdade de escolha do aluno?**

Professor:

Só seria uma ação contra a liberdade de escolha de cada aluno se fosse imposta. A ideia não é essa. Penso, sinceramente, que tal não acontece. O que se tenta sempre (e os alunos são pessoas inteligentes) é que eles vão tomando consciência das suas necessidades, da importância e interesse de cada gesto. Creio ser fundamental que compreendam que na Ponte a ideia é nunca impor nada, de reduzir a nossa intervenção ao mínimo necessário e discutir tudo com os alunos/pais/professores.

Construção de identidade e relação com o saber

■ **Um dos fundamentos básicos do projeto da escola se refere à concepção de que o aluno está em permanente desenvolvimento e que este segue em diferentes ritmos. Certo?**

Em relação ao desenvolvimento da identidade pessoal, quais seriam os princípios que norteiam a compreensão dessa dimensão do desenvolvimento do aluno? Está presente, de algum modo, a noção de fase de desenvolvimento?

Professor:

Está implícito. Ou seja, ajuda-nos a analisar algumas situações com que nos deparamos e a estabelecer de alguma forma um quadro mental de análise. Contudo, tentamos ao máximo analisar cada aluno em concreto. Conceitos tão vastos como infância/adolescência ajudam-nos a compreender os aspectos gerais dos comportamentos/formas de expressão/esquemas mentais, mas são generalizações. É necessário depois ver como é cada caso concreto. Por outro lado, as passagens de umas fases para as outras são muito dinâmicas e pessoais. É interessante acompanhar os alunos (nós acompanhamos muitos alunos desde os 5 até os 15 anos) e ver como eles passam por fases em que parece que dão saltos de desenvolvimento para, logo de imediato, parecer que esses saltos ainda não aconteceram.

Professora:

A fase de desenvolvimento em que o aluno se encontra influencia a sua interação com o mundo. Assim, o respeito pela sua individualidade complexa engloba, obviamente, a atenção à sua fase de desenvolvimento. Para lhe explicar como ter consciência disso é importante, posso dar-lhe dois exemplos. Neste momento, na escola, os alunos estão a discutir os seus Direitos e Deveres. E os debates (também de preparação da Assembleia), que ocorreram em cada núcleo, tiveram de ter em conta a fase de desenvolvimento dos alunos (para além de outros fatores, como os anos de inclusão no projeto "Fazer a Ponte").

No ano passado, alguns alunos do núcleo de Aprofundamento questionaram a existência semanal da reunião de Assembleia (em que participam os alunos dos três núcleos, ou seja, com idades compreendidas entre os 5 e os 17 anos). Os alunos argumentavam que sentiam a necessidade de debater entre eles determinados problemas que temiam que os alunos mais novos não compreendessem. Apesar disso, os alunos do núcleo de Aprofundamento chegaram também à conclusão de que a partilha das suas experiências é bastante fértil para o desenvolvimento dos colegas dos outros núcleos. Eles vivem isso nas assembleias, nas reuniões de grupos de responsabilidade, enfim, no dia a dia. Este é o espírito de cooperação!

Com esse exemplo pretendia tornar claro como também os alunos se apercebem da complexidade de cada fase de desenvolvimento, sabendo, como nós, que nada se repete nem é estanque.

■ **Trabalho com acompanhamento de bebês, e com eles é evidente o desenvolvimento do pensamento e linguagem apenas nas suas vivências práticas das brincadeiras, que ainda não são recheadas de palavras por força do desenvolvimento. Vejo explicitamente "conversas" através de olhares e gestos durante o brincar, e tenho filmado essas interações sem palavras, mas cheias de entendimentos internos e interligados...**

Levando em conta essas questões de desenvolvimento de forma mais ampla, e trazendo uma ideia de que talvez as tentativas de teorização da prática tenham nos afastado da essência do ser criança, gostaria de saber de educadores, como vocês como enten-

ESCOLA DA PONTE

dem o "apoiar o desenvolvimento" das crianças dentro da educação. Como cada um acredita que isso se realize na sua prática?

Professor:

O nosso apoio depende um pouco da fase em que se encontra cada aluno. Nos alunos da Iniciação, é necessário estarmos mais presentes na sugestão de tarefas, na ajuda da escolha do que colocar no Plano da Quinzena, na estimulação da utilização do "Eu já sei" e do "Eu preciso de ajuda"... Mas, sobretudo, prende-se com o fato de ouvir o aluno e tentar compreender o que ele pretende e precisa. As dúvidas de cada um deles são muito diversas. Eles avançam por caminhos diferentes e a passo muito "descompassado"...

Na Consolidação e no Aprofundamento, nossa ajuda já é mais distante e já se centra mais nos aspectos essencialmente conceptuais ou dúvidas pontuais. Paralelamente, é necessário estar atento à pessoa que é o aluno. Tentar compreender se existe algo que o preocupa, algo que não esteja bem com ele, ou com os amigos, ou com a família. Este papel costuma ser desempenhado pelo professor-tutor (não exclusivamente).

Dar visibilidade ao currículo: uma busca de significação das aprendizagens

■ **Pelo que entendi, os alunos têm autonomia para escolherem seu roteiro de pesquisa/projeto quinzenal. Essa escolha é a partir de conteúdos ou assuntos preestabelecidos? Exemplifico: os alunos podem escolher a ordem que querem estudar e como, mas é necessário estudar todo o currículo; ou têm liberdade, pelo menos em partes, para estudar o que desejam, não necessariamente seguindo uma determinação de conteúdos? É que essa questão de liberdade de aprendizado realmente me interessa muito...**

Educadora brasileira:

Questão interessante sobre a liberdade. Conforme já escrevi em outras respostas, os objetivos ou conteúdos das disciplinas ficam expostos nos espaços e foram previamente construídos pelos orientadores educativos a partir do currículo nacional.

Geralmente são traduzidos para uma linguagem mais próxima das crianças. No início do quadro de objetivos de matemática da consolidação, por exemplo, está escrito: Você poderá vir a saber... e seguem os conteúdos. Os alunos têm a dimensão do que podem estudar. Mas é claro que a escolha é constantemente negociada. Na iniciação, a condução do professor ainda é muito grande, até para se estabelecer uma lógica em alguns conteúdos; na consolidação a possibilidade de escolha é maior. Acompanhei na consolidação o início de alguns projetos em que os alunos tinham a liberdade para escolher os temas. Os projetos eram trabalhados em pequenos grupos, e cada grupo tinha o direito de escolher e estudar um tema diferente, por exemplo: "Como fazer um carro *tuning*?" A partir da escolha dos temas alguns questionamentos eram feitos, como: Quais as questões que podemos formular a partir desse tema? Quais disciplinas podem ajudar na investigação? Como dividiremos as tarefas? A partir daí outros conteúdos poderiam aparecer. Acredito que o currículo na Ponte é mais democrático, mas, como em qualquer democracia, é preciso negociar.

■ **Sou professora de Inglês e sinto muita dificuldade em despertar o desejo pela disciplina. Os alunos não demonstram interesse em aprender. Como poderia ajudar o desenvolvimento desses alunos?**

Professora:

Percebo a sua angústia. Mas todos os alunos têm curiosidades e querem aprender, descobrir coisas novas nas diversas áreas. Talvez a solução seja conversar com os seus alunos, com intuito de discutir e aferir as suas motivações e interesses, para desenvolver as aprendizagens.

O diálogo deverá ser sempre o ponto de partida para trabalhar qualquer área, de forma motivada. Se começarmos pelo que eles querem aprender, isso poderá constituir-se em "arranque" para futuras aprendizagens, no âmbito da referida área. Paralelamente, é necessário trabalhar recorrendo a estratégias diversificadas, indo ao encontro das especificidades de cada um.

O fato de os alunos trabalharem e planificarem em grupo pode transformar-se em mais uma ajuda para colmatar a dificuldade por si explanada.

O saber é integrado, quando incorporado no pensamento, na linguagem

■ **Entendi que a colocação aponta a linguagem verbal como único meio de adquirir conhecimento. É isso mesmo? Há teóricos que dão sustentação ao que é trabalhado na Ponte?**

Educadora brasileira:

Julgo que Vigotski é uma referência no estudo da relação entre linguagem e pensamento e uma das várias influências na Escola da Ponte.

Não me parece que a linguagem verbal seja o único meio para atingir o conhecimento. Mas toda a linguagem necessita do veículo da palavra para podermos nos comunicar. E, quando nos comunicamos uns com os outros, estamos a gerar conhecimento.

Sobre a relação entre a linguagem e o pensamento e como essa questão é abordada na Escola da Ponte, gostaria de acrescentar algumas ideias. Na Escola da Ponte, os conteúdos que os alunos estudam estão baseados no currículo nacional. Todavia, os alunos escolhem o que querem trabalhar, quando querem trabalhar e como querem trabalhar. Assim, logo na escolha do tópico a estudar há um processo em que o próprio aluno é levado a refletir sobre o que sabe sobre dado tema, ou seja, sobre quais são os seus pré-conhecimentos. A partir desses conceitos (leia-se, linguagem), o aluno desenvolve o seu pensamento, relacionando os novos conceitos com os seus conceitos iniciais. Durante o seu estudo (seja este de pesquisa, trabalho de laboratório ou outro), coloca em conflito os seus conhecimentos prévios com o conhecimento novo, reformulando as suas estruturas mentais. Um método de trabalho, em que as diferentes disciplinas não são percebidas como reservatórios estanques, potencia este conflito cognitivo, pois o aluno é levado a relacionar conceitos de diferentes áreas.

O orientador educativo tem um papel importante, colocando questões que põem em contradição os conhecimentos do aluno com o novo conhecimento. Não há turmas, nem professores de disciplinas. Os orientadores educativos apoiam o estudo de várias áreas, harmonizando ideias, conceitos, harmonizando a linguagem. Desse modo, evitam-se as aprendizagens mecânicas. O aluno interioriza os conceitos através de aprendizagens significativas. Essas aprendizagens têm a grande vantagem de ser muito mais duradouras. Os alunos não decoram matéria para despejar num exame, interiorizam conceitos que perduram, desenvolvem a linguagem e o pensamento.

Muito importante também no desenvolvimento do pensamento é o trabalho cooperativo. Esse trabalho desenvolve não só o aluno que se beneficia do apoio, mas também o aluno que dá o apoio ao colega. Ao explicar algo, o aluno tem que dar exemplos, relacionar conceitos, explicar teorias. Ao fazê-lo, desenvolve a sua própria linguagem e pensamento. A interação social entre alunos é um aspecto fundamental do desenvolvimento do pensamento.

Professor:

A linguagem desempenha um papel absolutamente decisivo no desenvolvimento do raciocínio e do conhecimento. Três fatores são fundamentais: a experiência, as interações sociais e a afetividade/emoção. Na Ponte, acontecem experiências concretas, nas quais as interações sociais têm um papel decisivo. A experiência (e sua qualidade) precede a linguagem e é influenciada por ela.

Na Ponte, é difícil encontrar uma linguagem suficientemente compreensível e coerente para desenvolver o tipo de trabalho que

ESCOLA DA PONTE

tentamos desenvolver. Muitas vezes, a linguagem me tolhe o pensamento e o condiciona.

O despertar da sensibilidade

■ **Sei que os alunos, na Escola da Ponte, ouvem música enquanto trabalham. Que tipo de música ouvem geralmente? Isso se reflete no seu comportamento?**

Professores:

A música é um contributo essencial para a qualidade do trabalho nos espaços: ajuda a concentração e também já serviu como controladora de ruído. Existe uma responsabilidade dentro da escola (Audiovisuais) que controla e seleciona qual ou quais as músicas que devem ser ouvidas no dia a dia. Obviamente, a seleção é orientada pelo professor da responsabilidade. Não faria sentido que toda e qualquer música pudesse ser ouvida pelos alunos. Mas existe a preocupação de que a seleção vá de encontro aos gostos dos alunos: música calma.

■ **Tenho a impressão de que, independentemente da cultura local, crianças e adolescentes tendem a falar alto, chegando a serem "indisciplinados" no tom de voz. Quase mais gritam do que falam. Vocês convivem com isso? Como atuam, nesse sentido?**

Professora:

O falar alto não acontece apenas no vosso país. Na maioria das vezes, é um problema que vem já do meio familiar.

Na nossa escola, falar alto não é o problema maior, uma vez que se consegue ter no espaço de trabalho um ambiente mais ou menos agradável, sem se falar demasiado alto. Os alunos estão habituados a respeitar o pedido de palavra e, muitas vezes, quando o "ruído" começa a aumentar, alguém pede a palavra para chamar a atenção para esse fato. A música nos espaços é também algo que ajuda a "controlar" o ruído.

A Ponte tem alunos que nem sempre têm controle sobre o seu tom de voz (por exemplo, autismo). Como estratégia, quando um aluno ou vários estão a falar mais alto do que o ideal, o orientador tende a falar cada vez mais baixo. Muitas vezes resulta... As crianças são inteligentes!

■ **Na Escola da Ponte, alunos e professores pesquisam sobre música? Há alguma atividade de artes com abordagem específica em música? Existe um coral ou oficinas de instrumentos (violão, flauta doce, percussão ou algo assim)?**

Professor:

Os alunos pesquisam arte em geral, mediante o projeto artístico que estão a desenvolver no momento. A pesquisa é direcionada para o tema do projeto que foi escolhido, seja ele individual ou coletivo. A pesquisa musical é feita utilizando os recursos que a escola oferece; porém, muitos são aqueles que envolvem os familiares ou amigos na ajuda à pesquisa do tema escolhido. Os professores também pesquisam, não só para ajudar a fornecer informações que, por vezes, os alunos sentem dificuldade em arranjar, mas também preparando material de pesquisa que facilita e potencia uma pesquisa mais enriquecedora.

Os alunos do Núcleo da Iniciação passam duas a três vezes por semana pela área artística, que é um espaço onde trabalham regularmente três valências artísticas: a plástica, o drama e a música. Geralmente, o trabalho dessas valências é diluído por atividades que interligam saberes e que têm objetivos comuns. Existe também um componente teórico muito importante, feito em pesquisa ou debate.

No entanto, apesar de a música, geralmente, ser trabalhada com as outras valências artísticas, existem algumas atividades em que a música é trabalhada de uma forma direta e independente. Por exemplo, em alguns projetos de escola, como uma festa, são criadas oficinas de maneira a trabalhar apenas a música para tocar na festa. O processo de auxílio à aprendizagem é feito com uma dinâmica diferente do trabalho do dia a dia, no entanto, tem sido o modo possível de trabalhar artisticamente num curto espaço de tempo (geralmente a preparação para esse tipo de festas é feito em duas semanas ou menos). É importante realçar que nesse tipo de oficina, o grupo de alunos pode ser bastante heterogêneo, pelo fato de ser aberto para a escola toda. Significa que numa oficina podem trabalhar crianças dos três núcleos.

Como disse anteriormente, as oficinas de música são criadas apenas se existir a necessidade para tal. Por exemplo, no início deste ano letivo, todos os alunos da escola foram convidados a participar num espetáculo coral. Inscreveram-se apenas os que sentiram vontade em participar, e com esse grupo de alunos foi criada uma oficina do coro. O trabalho foi direcionado apenas para aquele concerto. Depois do concerto, a dinâmica normal do trabalho artístico foi retomada.

■ **Sabemos que as atividades lúdicas são envolventes e levam à aprendizagem. Frente aos projetos a serem desenvolvidos pelos grupos de alunos e a autonomia a ser alcançada, em que lugar se situa o lúdico, como é que ele é promovido durante as pesquisas dos diversos temas?**

Educadora brasileira:

A sua pergunta foi a mesma feita pelo meu amigo Luckesi (que trabalha com avaliação), quando eu ainda estava em Portugal. Assim como você, também acredito bastante na importância do lúdico para o desenvolvimento e as aprendizagens.

Algumas iniciativas ficam mais evidentes no espaço das expressões artísticas e em um ou outro momento pontual, quando, por exemplo, as crianças da Iniciação brincavam de dramatizar a "História da Bruxa Medonha", produção coletiva.

Uma outra cultura de escola

■ Queria saber como percebem o imenso espaço de respeito, tanto pessoal/social, quanto pelos campos de conhecimento que os professores foram perdendo ao longo da história, que os deixa incapazes de reivindicarem diferentes regulações de seus tempos de trabalho, estudo e planejamento. Jamais buscaria culpados para as variáveis da escola, mas compreensões, a partir de análises transformadoras. E a quem cabe transformar o que não está bem?

Para ser bem clara, exemplifico: tanto professores de séries iniciais quanto de disciplinas nas séries posteriores precisam trabalhar muito (até 60 horas semanais) para garantir remuneração pouco além de suficiente, e não conseguem argumentar pedagogicamente a favor de mudanças que beneficiariam as relações de aprendizagem. Quando leem? Quando estudam? Quando planejam? Quando se divertem? De onde tirar prazer em ser professor nessas condições? Como não provocar indisciplina em quem precisa aguentar os humores, nem sempre profissionais, de tantas pessoas nem sempre felizes?

Professor:

Conversando com Celso Vasconcelos, na Escola da Ponte, sobre esta problemática, observávamos o comportamento de alguns miúdos que lá chegaram, há bem pouco tempo vindos de outras escolas. E refletíamos sobre o tipo de relação que se estabelecia nas interações (ali, à nossa frente e ao chegaram, há bem pouco tempo vindos de outras escolas). E refletíamos sobre o tipo de relação que se estabelecia nas interações (ali, à nossa frente e ao vivo...) entre esses miúdos e os orientadores educativos. Vimos o mesmo aluno tendo diferentes atitudes perante diferentes orientadores. Qual a variável? A atitude do orientador!

Um aluno reagia serenamente a uma ordem de um orientador, porque era dada por quem detinha uma autoridade afável, amorosa. Decorridos alguns minutos, o mesmo aluno reagia bruscamente a uma repreensão de outro orientador. O que mudou? O orientador!

ESCOLA DA PONTE

Enquanto conversávamos, uma professora que nos visitava (do grupo em que o Celso se integrava) viu uma criança fazendo um jogo, tranquilamente, e comentou a serenidade dela. Uma auxiliar, a quem compete a limpeza da escola, explicou que aquela menina tinha chegado à Ponte há três meses e que vinha "recomendada por pedopsiquiatras e psicólogos". Tinha passado pouco mais de um ano numa outra escola. E a mãe dessa menina tinha deixado de poder trabalhar, porque todos os dias era chamada a essa escola, para levar a filha para casa, pois (dizia uma professora dessa escola) "não tinha condições para estar numa sala". A menina tem epilepsia e uma síndrome rara, que a levava a crises frequentes. Desde que está na Ponte, nunca teve qualquer crise. Revela-se tranquila e afável. Apenas um tremor de olhos a denuncia... O que mudou? O educador!

A auxiliar de limpeza disse à professora visitante que a mãe da menina já tinha regressado ao seu emprego e que estava muito satisfeita. A visitante quis saber qual a razão de tão grande mudança. A nossa auxiliar de limpeza (um orientador educativo!) foi explícita na sua resposta: *"com calma, paciência e tratando-a como a qualquer outro, a menina integrou-se e acalmou-se."* Era só isso que lhe faltava na outra escola.

Pois: quando o professor está exausto, quando não se sente bem consigo mesmo, quando não possui uma autoridade que advém de um amor maduro, o que poderá transmitir aos seus alunos? Se os professores não têm tempo para ler (ou quando recusam estudar...), se não sentem prazer no que fazem, *"como não provocar indisciplina em quem precisa aguentar os humores, nem sempre profissionais, de tantas pessoas nem sempre felizes"*?

■ **Os alunos organizam seus direitos e deveres. Nessa organização fica estabelecido para cada direito e dever um tipo de reflexão, conforme os conflitos que surgem entre alunos? A reflexão, a meu ver, deve ficar registrada, mas deve ela ser socializada com os demais colegas, professores e orientadores (tutores)?**

Nas séries finais, especialmente às do ensino médio, só a reflexão é instrumento suficiente de mudança de comportamento? Ser

ajudado pela Comissão poderia tornar-se um hábito de fuga quando a família é totalmente ausente? Gostaria de mais detalhes.

Professor:

Nada está predeterminado, a não ser que seja necessário que os alunos pensem sobre o que aconteceu e sobre o que podem fazer para melhorar o seu comportamento e para reparar o sucedido. Em alguns casos, isso fica registrado e é partilhado em Assembleia. Mas temos de ter a noção de que a imensa maioria das questões é de pequena importância, nada muito grave, pequenas brigas, atrasos na entrega dos materiais, alguém que estava mais exaltado e respondeu de uma forma menos própria, mas não insultuosa...

Normalmente, o professor-tutor tem conhecimento do que aconteceu, mas não é necessário que interfira diretamente.

Todos os jovens têm uma excelente noção de justiça (pelo menos é o que me diz a minha experiência, a não ser que tenham um problema mental grave) e compreendem facilmente o que fizeram. Podem não estar em condições de admiti-lo, em momentos em que estão mais nervosos. Será preciso dar-lhes algum tempo (que também poderá ser muito útil para nos acalmarmos).

Neste ano, recebemos um aluno, que nos foi encaminhado pela Comissão de Proteção de Crianças e Jovens de uma cidade que dista das Aves cerca de 45 km. Dizem ser um jovem muito "complicado". Tem 13 anos e está matriculado no 5º ano (o que significa que ficou retido, pelo menos, três anos). Na família, ele sempre esteve habituado a ter maus comportamentos. Na escola, habituou-se a que lhe respondessem na mesma moeda. Mas, neste momento, já se começa a notar que ele está a compreender que aqui é diferente. Já compreendeu que os professores querem mesmo ajudá-lo e não expulsá-lo da escola.

Levanta-se extremamente cedo para pegar transporte para poder vir para a Ponte e vem todos os dias. Tem escola mesmo perto de casa. Em Portugal, ninguém faz isso. Faz-se 45 km para ir para a faculdade ou, em casos de famílias ricas, para ir para o colégio (instituição particular).

ESCOLA DA PONTE

Resumindo, quando alguém faz algo menos ajuizado, precisa de tempo para se acalmar. Depois, compreende o que fez e tenta mesmo (penso que é mesmo sincero) melhorar. Vai demorar tempo? Vai, sem dúvida, mas "até a mais longa caminhada começa por um pequeno passo"... As relações na Ponte são muito pessoais e intensas, os alunos percebem-nas bem.

No Brasil, existe uma prática muito comum: quando existem "problemas de disciplina" com um aluno, a família é chamada na escola para responder conjuntamente com o aluno sobre seu comportamento. Como a Escola da Ponte vê o envolvimento dos pais na questão da disciplina dos alunos?

Trabalho em um abrigo com adolescentes que viveram ou vivem situações de violência muito grande por parte da família de origem. Nosso maior problema é a indisciplina. São jovens que têm muitas dificuldades em aceitar limites. A maior dificuldade é incentivar estes adolescentes a participarem de uma escola que não privilegia suas histórias, muito pelo contrário, que tem muitos preconceitos.

Como trabalhar a questão da disciplina com jovens que tiveram experiências de vidas tão traumáticas e que acabam não vendo muitas perspectivas de vida?

Professora:

Respeitando a individualidade de cada aluno, todos se regem por um referencial comum de Direitos e Deveres, aprovado pelos alunos em Assembleia de escola. São as próprias crianças que têm o papel mais ativo na gestão dos conflitos, regendo-se por um sistema de regras complexo, que nenhum dos alunos fica dispensado de cumprir. Visa-se à promoção dos valores da solidariedade e do trabalho cooperativo, no dia a dia da escola. Os alunos vivenciam regras de cidadania e participação democrática. Sempre que revelam indícios de indisciplina, ou o incumprimento sistemático dos seus deveres, a Comissão de Ajuda intervém.

O professor-tutor é o elo mais forte entre a escola e a família. Acompanha e orienta individualmente o percurso de cada tutorado, assim como mantém os encarregados de educação permanentemente informados. A intervenção do professor-tutor junto aos pais é fundamental. Famílias que não sabem como lidar com indisciplina beneficiam-se da nossa parceria e ajuda.

Professor:

O importante é que trabalharmos todos em conjunto e para o mesmo fim. Por vezes, ocorrem situações muito complicadas em casa, que levam a que os alunos tenham comportamentos "estranhos" na escola. É necessário compreender os diferentes contextos para chegarmos a *bom porto*. Tentamos que cada intervenção seja articulada entre as entidades envolvidas, *afinando todos pelo mesmo diapasão*...

■ **O que observam para poder detectar os problemas? Imagino que têm as coisas óbvias, como um aluno briguento, outro arruaceiro, o que não participa... Os silenciosos também são problema? Parece que, na Ponte, nada passa em brancas nuvens... Nenhum problema, por menor que seja, passa sem uma reflexão. É isso mesmo?**

Professor:

O objetivo é que consigamos olhar para tudo... Infelizmente, sinto que nunca se conseguirá. E o mais simples de ver é quem é briguento, quem não toma banho (por vezes o cheiro também ajuda muito), quem tem fome. Contudo, é mais complicado ver quem tem marcas por baixo da roupa, quem opta por se fechar, em vez de brigar.

Quando há alterações de comportamento, tentamos compreender o que aconteceu, mas nem sempre é fácil. As interações a que estamos (e a que os alunos estão) sujeitos são imensas. É necessário estar próximo de cada um, mostrar que existe espaço para eles conversarem e mostrar aos pais que esse espaço também existe. Os amigos, quando são verdadeiros, também nos ajudam muito. Sentem sempre o problema de falar com um professor quando o colega pediu para não falar. Mas sabem que nós somos cuidadosos e que só intervimos nos casos em que realmente é necessário e com cautela, para não ferir suscetibilidades.

■ **Gostaria de saber se já houve casos de agressão contra os professores e como resolveram essa questão.**

Professora:

Só posso responder que depende da sua definição de agressão, ou seja, a que tipo de agressão se refere — violência física? Verbal? Moral? Emocional? Desrespeito pelo outro é agressão pessoal (ataque; ofensa; insulto), não cumprimento de regras é agressão à democracia, sistema holístico e potencialmente promotor de fraternidade e de justiça; falta de civismo é agressão à sociedade como um todo; falta de solidariedade é autoagressão, na medida em que somente nos poderemos ajudar a nós mesmos se ajudarmos os outros; permitirmos que nos ditem regras sem pensarmos sobre o porquê de agir dessa ou daquela forma é mais do que agressão... é mutilação do nosso "eu" reflexivo, um "eu" capaz de produzir uma resposta a um problema. Multiplicar-se-iam os exemplos de agressões a que todos os dias estamos sujeitos e a que, sem querer, às vezes, submetemos os outros.

No nosso projeto, os dispositivos pedagógicos concorrem para a formação de seres reflexivos; cidadãos responsáveis; homens e mulheres autônomos e solidários entre si e com o planeta. Não mencionarei todos para não ser exacerbadamente extensa, apenas aqueles que mais diretamente estão implicados nesse processo de interação e respeito pelo outro.

O projeto Fazer a Ponte tem duas bases principais: trabalho em equipe — todos os professores têm de exibir a mesma atitude (ação conjunta) — e a atualização da lista dos "Direitos e Deveres", anualmente (pelos alunos, obviamente!). Essa atualização é analisada, primeiramente, em pequenos grupos. Depois, é revista em debate e, finalmente, aprovada em Assembleia.

Professor:

Agressão física, tanto quanto eu sei, nunca houve. Agressão verbal, sim, já aconteceu. Conversamos com o aluno e foi "acionada" a Comissão de Ajuda. Depois, conversamos com o encarregado de educação. Por fim, o assunto foi levado à Assembleia.

Pai de aluna:

Gostaria de dar um depoimento do que acompanhei na Ponte. Espero ajudar a formar um quadro do que acontece com a violência, quando ela é enfrentada da forma como me parece que deve ser.

Minha filha foi aluna na Ponte no ano letivo 2003/2004. Foi um ano complicado, que começou com a associação de pais fechando a escola, como uma forma de pressionar o Ministério da Educação, que se opunha à ampliação da escola. Ao final, os pais venceram, mas depois de muita luta e só depois que uma crise política, que levou o presidente a convocar novas eleições e um novo ministro assumiu (em Portugal, o sistema de governo é parlamentarista).

O ano já era complicado, porque havia este enfrentamento com o Ministério da Educação. Naquele ano, a Ponte recebeu muitas crianças vindas de outras escolas, algumas vindas de instituições de crianças em risco. Uma criança em particular chamava mais a atenção porque não parava quieta em todo aquele espaço de tranquilidade. Naquele tempo, a escola, por conta do enfrentamento com o Ministério, não tinha apoio de psicóloga.

A tutora desse aluno praticamente não conseguia fazer outra coisa que não seguir o menino o tempo todo pela escola, tentando trazê-lo para alguma atividade na qual ele ficasse. Com elevado grau de hiperatividade, o menino não tardou a arrumar confusão com outras crianças, ocasião em que já partia para dar socos e pontapés em quem chegasse perto. Numa dessas ocasiões, foi parar no chão e não deixava ninguém se aproximar, logo acertando um soco ou um pontapé. Lembro de ter ouvido o relato de um professor neste dia, que foi marcante: ele se ajoelhou ao lado do menino e, claro, começou a ser fisicamente agredido por ele. Foi atingido por alguns socos e pontapés, que deixaram marcas em suas canelas. Mas ele não revidou nem gritou com ele, não se afastou. Pelo contrário, brecou sobre o menino e o abraçou, um longo abraço. E não suspendeu esse abraço, até que o menino parou de esmurrar, chutar e começou a chorar. Aquele abraço dever ter sido o primeiro abraço mais demorado que ele recebia em muitos anos. A origem da violência naquele menino estava sendo finalmente atingida. Aquele professor acabou por conquistá-lo — mas "apanhou" um bocado antes disso, literalmente...

Algumas professoras trabalham com arte e fazem com aquele grupo de crianças e adolescentes um trabalho de sensibilização e expressão corporal que, com alguma frequência, terminava com algum "marmanjo" numa catarse de lágrimas libertadoras. Eram crianças e jovens em profundo sofrimento, vindos de lares destruídos e que tinham na violência uma via tortuosa de expressão da dor e da revolta que sentiam. No entanto, depois de anos e anos de vida escolar, era a primeira vez que alguém lhes dava alguma atenção.

A Ponte era a primeira escola em que não havia uma sala onde pudessem se sentar ao fundo e serem ignorados, esquecidos, como costumava acontecer em outras escolas. A maneira como a Ponte se organiza conspira contra a violência. Mesmo querendo, mesmo tendo a intenção de ser muito violento, um aluno não consegue passar muito tempo sem ser de alguma forma confrontado consigo mesmo e com a fonte de sua violência. É toda uma cultura de antiviolência, que não significa que seja uma cultura "frouxa": professores podem ser bem incisivos e enérgicos em algumas ocasiões. Mas os fundamentos dessa cultura expressos nos diversos dispositivos e práticas da escola diariamente se opõem à violência. Chega uma hora em que o violento fica desarmado e não consegue mais continuar a escalada de violência que chama mais violência.

- **Como os outros alunos reagem em relação às atitudes dessa criança? Dizem, por exemplo: "Por que ele pode?" Ou ainda, "Se ele faz isso, eu também vou fazer!" Ou todos compreendem a situação e deixam pra lá, como quem diz "não tem jeito mesmo"?**

Professora:

Os alunos na Ponte estão muito habituados a lidar e a conviver com a diferença. Como qualquer outro, este aluno não foge à regra e está integrado num grupo de trabalho heterogêneo, que desenvolve, sempre que possível e ele permite, um trabalho cooperativo. De maneira geral, os alunos entendem o seu comportamento, pois, de certa forma, foi-lhes explicado por nós, orientadores.

No geral, alguns alunos tendem a questionar algumas atividades que ele desenvolve, como o uso de *software* de forma mais sistemática, mas acabam por entender que com ele as estratégias a adotar terão de ser ligeiramente diferentes das dos restantes alunos.

Não acontece de dizerem "se ele faz, eu também vou fazer", e muito menos acontece "não tem jeito mesmo". Os restantes alunos têm um papel interventivo, tentando, na medida do possível, ajudá-lo, colaborar com ele.

A pessoa do professor

- **Tenho clareza de que os problemas de indisciplina são resultantes de incoerências nos relacionamentos. Diante disso, estou vivenciando nesta semana um dilema gigantesco: como efetivar práticas pedagógicas que estejam baseadas na autonomia, se há divergências entre os professores?... Falo isso porque trabalho numa escola de ensino fundamental que oferece também o projeto integral. Estou tentando efetivar com as crianças do integral (trabalho também com o fundamental e este já vem trilhando um caminho de autonomia) a autonomia. Porém, o integral pouco é** discutido nas reuniões e percebo que há um descaso por grande parte dos professores do fundamental. Não sei mais o que fazer, porque quando tento fazer algo muitas outras coisas acontecem erradamente. Já estou até pensando em desistir. Trabalho no integral desde junho de 2009 e tenho percebido claramente que, quando as crianças podem ser autônomas, os problemas de indisciplina ocorrem em menor proporção e as crianças podem vivenciar suas infâncias. Já em caso contrário, em sua grande maioria é um estresse.

Você já vivenciou algo semelhante?

Professora:

Senti o seu desânimo. Mas pense, por favor, que as "provações" são atribuídas somente a quem tem verdadeira força e coragem. Os desafios surgem para quem tem desejo de mudar. Aqueles que se mesclam com o sistema, que não se atrevem a voar, não passam nunca do "chão".

"Não me desencorajo, porque cada tentativa errada descartada é outro passo à frente" (Thomas Edison, um dos maiores inventores que já existiram). "A coragem consiste não em arriscar sem medo, mas em estar decidido quanto a uma causa justa" (Plutarco, filósofo e prosador grego). Acredite que muitos "sonhadores" devem ter sentido verdadeira angústia e tristeza...

Não é fácil, mas os alunos merecem uma escola que se adapte aos dias de hoje, uma escola que se ajuste às suas necessidades específicas, uma escola que se descole do modelo de há dois séculos. Precisam da sua energia. Não desista! Tantas alegrias serão furtadas às crianças. O poder da (auto)descoberta ser-lhes-á vedado.

Conspire. Contamine. Conte... consigo e com quem a quiser acompanhar. Use debates coletivos (na escola, com alunos, com professores, com pais, com auxiliares de educação) para questionar o que todos gostariam de mudar e que necessidades sentem. Passo a passo, você conseguirá operar pequenos milagres, estou convicta.

O Projeto da Ponte tem 35 anos e começou, exatamente, porque alguém, apesar do desânimo, insistiu em "conspirar"; em "contaminar"; em "contar" (consigo e com alguns "sonhadores" que ainda nem sabiam que sabiam sonhar...). "Mude... Mas comece devagar, porque a direção é mais importante que a velocidade" (Edson Marques, mas, por vezes, atribuído a Clarice Lispector).

■ **Tenho o firme propósito de começar alguma mudança dentro da minha sala de aula. Gostaria de saber de você qual desses projetos eu poderia introduzir logo no início do ano. O grupo de Responsabilidade?**

Professora:

Louvo a coragem de querer introduzir mudanças na sua sala de aula. Um dos requisitos de qualquer bom educador é ser destemido. A primeira batalha já foi vencida por si, pela vontade de agir. Aceitar esse desafio é se valorizar. Existem muitos professores que, infelizmente, compactuam com o sistema e agem mecanicamente, sem refletirem e sem efetivarem qualquer transformação.

Sem querer sobrevalorizar umas opções em detrimento de outras, se fosse eu talvez iniciasse o ano com um desafio: indagaria os alunos, no sentido de se perceber o que estes mudariam na escola, se eles a gerissem (levantamento de necessidades, problemas, desejos); registraria a informação partilhada num lugar onde todos pudessem visualizar. A partir daí, tudo pode acontecer... Criação de grupos de Responsabilidade; grupos de trabalho (dentro da turma); criação de uma listagem de Direitos e Deveres; reunião de Assembleia (teria de ser criada/proposta) etc. Se, por exemplo, eles trouxessem livros de casa, revistas, jornais etc., poderia ser dada a oportunidade de aprendizagem sem ter de recorrer apenas aos livros didáticos (incentivo à partilha!).

Com um excerto do livro de *Alice no país das maravilhas*: "— Qual é o caminho? — Depende de onde queres chegar!"

ESCOLA DA PONTE

De professor a orientador educativo...

■ **Gostaria que partilhassem um pouco sobre a desconstrução que os professores da Ponte precisam sofrer, abandonando antigas ideias do que venha a ser (in)disciplina. Ou seja, o que venha a ser um aluno disciplinado ou indisciplinado no projeto da Ponte e como o professor supera suas antigas concepções a esse respeito.**

Professor:

A mudança (ou a desconstrução) a que estão sujeitos os professores passa por diversas fases: a fase de motivação inicial, pelo que é novo; a fase das dúvidas com o que se implementou, ou se está a implementar (com certa desmotivação pelo meio); a angustiante procura pelas respostas a que, diariamente, nos sujeitamos.

Todo profissional que entra para um projeto como o da Ponte tem de estar consciente dos desafios que irá enfrentar. A leitura atenta do Projeto Educativo, a discussão sobre este, a formação na e durante a prática fazem-se presentes no nosso dia a dia, como forma de enfrentarmos os problemas que surgem.

A reconstrução dos conceitos, no que se refere à disciplina/indisciplina, está pautada nas linhas da formação em ação. Na Ponte, vamo-nos apoiando mutuamente. Quando os problemas acontecem, temos dispositivos para superá-los. É lógico que, quando acontece algum problema, a intervenção dos adultos deve ser a última instância.

Numa relação pedagógica bem estruturada, não há indisciplina. Não há indisciplina que resista a uma boa amizade, respeito e atenção pelo outro. Como disse Paulo Freire, somos seres incompletos e nesta incompletude também estou construindo o meu ser...

■ **As relações no trabalho de equipe parecem estar consolidadas, há uma linguagem e atitudes uníssonas — o que me parece fundamental e que nos falta nas experiências da escola brasileira. Mas, também, como toda organização ou ambiente em mobilidade como é a escola, há crises. Os professores da vossa escola mencionam** momentos difíceis. Como são detectados esses momentos? Pelos próprios professores, ao não saberem lidar — temporariamente — com determinada situação? Pela indicação do aluno de que agiu de forma incorreta? Pela comunidade de pais, que passa a negociar novas participações da escola?

O motivo primeiro da minha manifestação é de uma inquietação oriunda de leituras e que talvez vocês tenham argumentos para considerar, avaliar e porventura me responder. Quando lemos o trabalho de Dewey, Freinet e Piaget, junto com Heller, todos trabalham a partir da perspectiva do coletivo — das assembleias. As experiências trazem relatos de lugares onde os alunos "impossíveis — delinquentes — desajustados etc." de outros estabelecimentos eram encaminhados e ali tinham uma oportunidade, que, em quase todas as ocasiões, resultava em situações positivas. No entanto, o que fez com que essas experiências não se consolidassem como dominantes, uma vez que trazem resultados positivos? Sei que existem experiências calcadas em Freinet e Dewey ainda hoje, mas são esparsas, vivemos ainda sob o domínio da escola dita tradicional...

Como avaliar a não continuidade daquelas experiências? O que eles fizeram de errado? O que deve ser evitado ou aprendido num empreendimento coletivo com os alunos — que possibilita a autonomia, a disciplina partilhada e respeitada como um valor para todos? O que vocês fizeram de diferente?

Na estrutura escolar tradicional, como a que a maioria de nós trabalhamos, o "ser professor" já está posto, pouca coisa, ou quase nada, deve ser construída. Na verdade, basta "vestir algumas carapuças". Ele é aquele que diz como as coisas devem acontecer. Aprovando ou desaprovando as atitudes em sua volta. A ele cabe a tarefa (implícita, informal) de manter/fortalecer algumas formas de ser seu próprio modo, o modo dos alunos, enfim o *modus escolares*". No dia a dia escolar, em muitas situações, os educadores se veem "seres não autênticos", estão carregados de responsabilidades, procedimentos... restando pouco para "serem" e "conviverem".

Contra quem a indisciplina se levanta? Contra a pessoa do professor ou contra a carapuça que impede que os alunos tenham relações sinceras?

Professores:

Quero partilhar muito sucintamente a noção de disciplina. Ela encerra muitos significados. Por exemplo: "Está difícil esse trabalho para o/a... porque ele/a não tem disciplina!" (disciplina = organização!). Opto por uma "provocação": julgo que muitos professores são, não raramente, causas da indisciplina. Ignoram o ser humano que têm na frente — as suas dores, o seu passado, o seu presente; somente se interessam por lhe determinar um "futuro". "Cadê" a vida? "Cadê" o tempo?...

Por vezes, o professor pune a falha, o erro, sem saber os motivos, a origem do ato. Adoro Brecht e num poema dele encontro a "explicação" da indisciplina: "Do rio que tudo arrasta se diz que é violento / Mas ninguém diz violentas as margens que o comprimem." Também de Brecht: "Desconfiai do mais trivial, na aparência singelo / e examinai, sobretudo, o que parece habitual / não aceiteis o que é de hábito como coisa natural / nada deve parecer impossível de mudar."

Finalizamos com uma citação de um artigo escrito por um professor da Ponte:

Confesso a minha completa ignorância, de indisciplina nada sei. Sei apenas de crianças que dão lições de autodisciplina na sua escola. Sei de crianças que não entendem a indisciplina do gritar mais alto que o próximo, nas assembleias de adultos, porque na sua Assembleia semanal erguem o braço quando pretendem intervir. Sei de crianças de seis, sete anos, que sabem falar e calar, propor e acatar decisões. São crianças capazes de expor, com serenidade, conflitos e de, serenamente, encontrar soluções. São cidadãos de tenra idade que, no exercício de uma liberdade responsavelmente assumida, instituíram regras que fazem cumprir no seu cotidiano. Poderão continuar a chamar-lhes alunos "utópicos", que nem por isso eles deixarão de existir.

Tenho lido muito sobre a Escola da Ponte e sempre quando alguém se refere aos professores é afirmando que eles estão o tempo todo na escola, disponíveis e atentos. Você poderia clarear para nós o que significa essa atenção e disponibilidade?

Professor:

Basicamente é não fazer figura de corpo presente. No tempo em que passamos na Ponte, temos de estar atentos e disponíveis. Essa disponibilidade é detectada nos mais pequenos pormenores.

Os mais novos (tenho a impressão de que vamos perdendo esta competência com a idade) têm um mecanismo muito afinado de se aperceberem de quem está a dialogar com eles e quem está a falar para eles. São coisas completamente diferentes. Nos menores gestos, é necessário reconhecer o outro como outro, não como aluno.

A disponibilidade também passa por combinar com os pais os momentos em que lhes é mais fácil reunir.

O professor-tutor ajuda a "crescer" e cria laços com as famílias

Quais são, ou melhor, como você explica as atitudes firmes dos tutores, quando acontece reincidência de atitudes negativas dos alunos? Como os alunos organizam os planos quinzenais e diários? Escolhem os conteúdos que desejam? E as estratégias são de cada tutor?

Educadora brasileira:

As atitudes mais firmes vão no sentido da determinação de limites. Até casos de ter que evitar atitudes violentas de crianças para com as outras crianças. Não são casos fáceis. Realmente, é um grande desafio.

Os planos diários são feitos a partir do plano da quinzena. Os alunos elegem alguns dos objetivos que estão elencados para a quinzena e que podem ser cumpridos nesse dia. O plano do dia também

ESCOLA DA PONTE

passa pela negociação com os professores dos espaços. Os planos da quinzena contêm os conteúdos do currículo, a partir de uma escolha sempre negociada com os professores. A autonomia é construída gradativamente.

Os professores-tutores sempre estão em contato com os demais professores, para compreenderem os avanços dos alunos nas diferentes disciplinas.

■ **Eis os dispositivos mais importantes e determinantes da transformação paradigmática que a Ponte está a operar na educação: a preocupação com quem está ali, antes da preocupação de ensinar conteúdos de matérias básicas.**

Lidar com o sujeito não é coisa fácil e, embora o foco da questão disciplinar seja o aluno, penso ser muito mais difícil e necessário disciplinar/conscientizar o adulto (professor/orientador).

Como é trabalhado um caso recorrente e insistente de indisciplina, quando o orientador/tutor daquele aluno não consegue "dar conta do recado", seja por falta de habilidade, por ser novo na escola, ou por estar com dificuldades pessoais com aquele aluno?

Professor:

Gostaria que refletíssemos sobre esta palavra: disciplina. A palavra "disciplina" deriva de "discípulo". Ambas têm origem do termo latino para pupilo que, por sua vez, significa instruir, educar e treinar. Assim, a palavra disciplina, além de significar, em sentido acadêmico, aula, cadeira ou cátedra, também é utilizada para indicar, em educação, a disposição dos alunos em seguir os ensinamentos.

Não é um termo que se encaixa muito bem no espírito da Escola da Ponte, pois julgo que se o nosso José Pacheco não fosse de alguma forma "indisciplinado", este Projeto nunca teria surgido e avançado. Percebo, no entanto, que falamos em indisciplina, relacionando o termo com comportamentos perturbadores do ambiente de trabalho.

Não criamos um ambiente de solidariedade entre as crianças, se nós não formos solidários com os nossos colegas de trabalho. Acaso algum tutor esgote todos os seus recursos, ou tenha dificuldades em resolver um problema com uma criança, poderá pedir ajuda aos seus colegas de trabalho. Outra forma de lidar com a situação poderá passar pelo recurso à Comissão de Ajuda (constituída por alunos), que poderá chegar mais perto da criança em causa, ajudando-a a perceber que não está a respeitar os seus deveres, interferindo com os direitos dos outros colegas, prejudicando-se, lesando todo um coletivo.

■ **No Brasil, encontramos uma clientela de alunos com sérios problemas disciplinares. Muito desta indisciplina ocorre por um histórico social caótico que estamos vivendo — como acredito ser do conhecimento de todos. Diferenças sociais gritantes que, entre tantas consequências, levam esses alunos a uma escolha cruel e muitas vezes irreversível (ou pelo menos assim se apresenta), como é o caminho do tráfico de drogas.**

Além de sentirem-se sem perspectivas, julgam ser mais proveitoso esse caminho pelo retorno financeiro aparentemente mais fácil e maior que qualquer outra proposta. Há casos em que alguns desses chegam à escola sob efeito de entorpecentes, seja álcool, drogas ou coisas afins. Minha pergunta é: na Escola da Ponte acontece ou já aconteceu caso semelhante? Se sim, como foi que vocês lidaram com essa situação? Se não, ainda assim, poderiam nos orientar a esse respeito?

Professores:

Felizmente, quase não existem casos como os que você descreveu. É mais usual acontecer em escolas inseridas em meios urbanos. Ainda assim, recebemos alunos que, de forma mais ou menos regular, consomem drogas leves e/ou outros entorpecentes. São casos que se encontram numa fase muito inicial, mas que nos preocupam e nos levam a tomar algumas medidas de prevenção, um acompanhamento muito próximo por parte do professor-tutor, alertas constantes junto dos pais. Como é óbvio, estamos conscientes de que essas medidas nem sempre surtirão os efeitos desejados, mas é essa a nossa função como orientadores educativos. Temos consciência de que perante crianças e/ou adolescentes sem presença ativa dos pais nas suas vidas, sem qualquer tipo de apoio ou incentivo para o sucesso escolar, que vivem em meios sociais completamente degradados e hostis, onde reina e impera a lei do mais forte, será muito difícil qualquer tipo de esforço por parte da escola (que é apenas uma parte) que, muito provavelmente, sairá frustrado e desprovido de sucesso.

Apesar das contrariedades, vamos tentando fazer pequenos "milagres". Por vezes, vão acontecendo, fruto de muito esforço e dedicação...

▪ Quando falamos em indisciplina, falamos em família e comportamento. Os limites da família nem sempre são os limites e as regras que a escola determina. Como trabalham estas questões?

Professora:

Em algumas famílias, pais demitem-se da sua função de "pais", delegam a autoridade, também, para a escola. São esses pais, que não exercem a sua autoridade, que questionam os direitos e deveres dos alunos. Isso não é um problema apenas da nossa escola, mas estamos perante um problema bastante complexo. Este assunto foi abordado na última reunião de pais do núcleo de iniciação. Nós expusemos as nossas preocupações, sem apontar dedos a ninguém. Confrontar os pais de uma forma acusatória não é boa ideia. Aqui, a intervenção do professor-tutor junto dos pais é fundamental.

▪ "Percebia o grande investimento dos professores-tutores na relação com as crianças, o que evidenciava que, especialmente através da afetividade, seria possível maior integração. No entanto, diferentemente dessas crianças, outras demonstravam ter internalizado

a proposta da escola, demonstravam que a Ponte deixa marcas muito particulares nos seus alunos. Crianças e adolescentes que questionavam algumas posturas docentes e que reivindicavam o direito de falar aquilo que pensam. A esperança é de que esses alunos consigam dar continuidade àquilo que aprenderam e reconstruam a Ponte em qualquer lugar."

Destaquei esse como um dos pontos-chave. Estou enganada?

Educadora brasileira:

Sem dúvida, esse é um dos pontos-chave na minha visão. Aprendia muito com as crianças que já tinham a proposta internalizada, crianças que participavam da Comissão de Ajuda, que participavam de maneira legítima da Assembleia e que reivindicavam seus direitos, que assumiam suas responsabilidades. Crianças que trabalhavam independentemente dos professores e que sabiam sinalizar quando estes estavam "perdidos". Crianças que sabiam ouvir e pedir a palavra, que sabiam respeitar a música e o ritmo do outro. Esse é o espírito que precisa ser cultivado!

■ **Vocês disseram que, no início de cada ano letivo, os alunos, por vontade própria, constituem um grupo para eleger o professor-tutor. Gostaria que falassem mais sobre a formação desse grupo de alunos.**

Pai de aluno:

Os alunos não constituem um grupo para eleger o professor-tutor. São constituídos grupos heterogêneos (dos diversos anos/níveis) de alunos em cada núcleo. E cada aluno, individualmente, escolhe um professor com quem simpatiza mais, com quem se identifica melhor, com quem poderá ter desenvolvido em anos anteriores alguma empatia (pelas mais variadas razões) para ser o seu tutor. Às vezes, não é a primeira escolha, por isso, cada aluno apresenta sempre três nomes de professores, por ordem de preferência. Quase sempre é possível ir ao encontro do desejado.

E se falássemos de Currículo Oculto?

▪ **Quando estive na vossa escola, elogiei a postura, a disciplina de todos os alunos. Na verdade, foi o que mais me tocou em toda a minha visita por lá. Gostaria de saber se esse comportamento exemplar que se vê na Ponte é resultado também do exemplo que os alunos têm do corpo docente. Penso que é pelo exemplo que chegaremos lá. Estou certa?**

Professora:

A disciplina não é dissociável dos valores. Na Ponte intervimos isomorficamente, isto é, os alunos são o que os orientadores são. E os orientadores pautam a sua intervenção pela dos alunos. Numa situação de indisciplina, a nossa intervenção deverá ser comum (como o pai que não desautoriza a mãe), e igualmente promotora de responsabilização do aluno pela sua atitude e reflexão em torno dela.

Para conseguirmos manter uma postura coesa e coletiva, refletimos semanalmente (em reunião de equipe) sobre as nossas práticas, discutimos abertamente os problemas e partilhamos angústias. Devo destacar que a própria estrutura organizacional, o fato de trabalharmos juntos, partilharmos espaços e termos os mesmos horários facilitam e promovem a cooperação e a colaboração dos orientadores.

▪ **Desde há dez anos, trabalho com programas de aumento de escolaridade para jovens e adultos oriundos de comunidades com baixo índice de desenvolvimento humano; sobrepondo-se a todas as ausências imprimidas em suas vidas por questões familiares, socioeconômicas, políticas e educacionais, esses jovens nos trazem diariamente conhecimentos adquiridos pelas suas experiências de vida, que, em oficinas e salas de aulas, através de propostas elaboradas por eles junto com a equipe, são trabalhadas sem fugir ao conteúdo que vem no "pacote" do programa, do qual não podemos nos distanciar... No início das atividades, um termo de**

compromisso elaborado, escrito e assinado por todos, é a nossa carta magna. Ainda assim, todos os dias, alunos e professores quebram essas regras e a indisciplina discente e docente permeia nosso cotidiano.

Não há fórmulas prontas e acabadas. Não acredito que gostaríamos que existissem, para resolvermos essas questões. Mas gostaria de pedir a todos sugestões, sugestões e sugestões, fundamentadas é claro, nas vossas experiências e conhecimentos, que possam ser somadas as nossas, nesse dia a dia tão difícil quanto instigador.

Professoras:

Se os professores quebram as regras estabelecidas, como é que os alunos vão respeitar regras? Um fator que estimula a indisciplina é a falta de coerência entre o que o professor diz e o que ele faz, entre os valores que ele transmite aos alunos e os que ele mesmo vive. Para os alunos, o professor é a imagem de um ideal, um exemplo positivo, ou negativo. O professor deve procurar ser um modelo de conduta, ser uma referência. Convém assumir uma atitude disponível, dando confiança aos alunos, sem se mostrar demasiado permissivo. Os professores que estabelecem com os alunos uma relação de maior proximidade são os que têm menos problemas de indisciplina. Essa proximidade e vínculo levam os alunos a sentirem-se importantes para os professores, inibindo-os de terem comportamentos indesejáveis.

As crianças não mudam o seu comportamento de um dia para o outro. É necessário que a escola estabeleça um sistema de estímulos que favoreça o desenvolvimento de responsabilidade.

Sugestões talvez úteis: o trabalho com a família, que é essencial para a resolução de situações complicadas; o desenvolvimento do trabalho partilhado, que é fundamental para estimular a participação dos alunos; o diálogo (necessidade de falar, de ser ouvido e respeitado), que reforça a relação professor-aluno; a discussão de comporta-

ESCOLA DA PONTE

mentos "indesejáveis", numa atmosfera de responsabilidade recípro-
ca. A solidariedade gera solidariedade...

■ **A disciplina, ou melhor, indisciplina em sala de aula é um assunto
muito polêmico e precisa ser não só discutido, mas também coloca-
do em prática. Assisti a uma palestra de Luís Schettini, na qual ele
falava que todo professor deveria passar mais vezes pela experiência de ser aluno, para ver como se comportam, pois são atitudes
semelhantes aos que eles próprios reclamam dos seus alunos aquelas que reproduzem quando assim estão inseridos. Meu questionamento é: será que os professores não estão nem se conhecendo a si
mesmos, para melhor conhecer seus alunos, para que possam ser
disciplinados e não exigirem aquilo que não lhes compete do outro?**

Professor:

Algumas das atitudes dos alunos são espelhos dos comportamentos dos professores. Se um professor não pede a palavra para
intervir num debate, é natural que o aluno não o faça. Se o professor
levanta a voz, ou chega aos espaços constantemente atrasado, por
que razão o aluno não terá comportamentos semelhantes?

■ **Na Escola da Ponte, as agressões são quase nulas dado: o alto nível
de engajamento e comprometimento dos professores; o prazer dos
professores em trabalhar naquele lugar, independentemente do
salário que recebem; o compromisso dos pais junto à metodologia
da escola; a seriedade com que os alunos são conduzidos em relação às regras. É isso mesmo?**

**Para que isso funcione, dá trabalho, ou seja, não dá para fazer
de conta, tem que se levar a sério o que se faz...**

Professora:

Estou grata por ter esta oportunidade de partilhar medos, angústias, estratégias e sugestões. A educação é apaixonante e paixão
se divide. Educador não é ilha...

Relativamente à sua primeira conclusão na apreciação desse assunto, devo concordar totalmente com você. O nosso comprometimento com o que desenvolvemos é fundamental em tudo na vida e, principalmente, em educação. O entusiasmo de um orientador educativo é contagiante. Se assim não for, o que o aluno vai pensar? A nossa alegria se reveste de uma importância vital. Para melhor interagirmos com qualquer aluno, é de acrescentar que a doação sincera do orientador educativo não é uma prerrogativa — se tal não acontecer, nada funciona.

Porém, devemos compreender que a entrega e o entusiasmo do aluno não tem que ser os nossos. Muitas vezes, frustra os educadores o desequilíbrio existente entre sua motivação e a do aluno. Devemos entender o nosso interlocutor e dar a chance de ele se envolver o quanto baste e não exigir que ele saiba tudo... Se não agirmos desse jeito, incorremos em grave perigo de desrespeito do ser com quem interagimos. Com tranquilidade, sem pressa excessiva, conseguimos cativar: "O essencial é invisível aos olhos. Só se vê bem com o coração" (*O pequeno príncipe*, A. Exupéry).

No que diz respeito ao salário, este projeto é do Estado português — recebemos tabelado. Não é colégio particular. E, como em outras escolas, nós investimos parte do salário em material de pesquisa para a nossa formação...

Parabenizo pela terceira conclusão. Se esse projeto tem resistido a muitas intempéries é pela energia com que os pais se envolvem na vida da escola. É fundamental na comunidade educativa a que pertencemos. Sua atuação é atenta, participativa e reflexiva. Eles nos alertam para situações que, por vezes, escapam até aos olhares mais atentos e, em conjunto, trabalhamos para que seus filhos sejam cada vez mais sábios e mais felizes.

Para terminar, reforço sua ideia de seriedade. Sem dúvida que, se não entendermos a criação e a manutenção de regras como algo sério, para que gastar tempo e energia em desenvolvê-las? Não podemos permitir que virem fachada... As coisas mais lindas do mundo acontecem no interior, muito mais do que à superfície. Pense na

ESCOLA DA PONTE

beleza dos corais dos oceanos. Onde se situam eles? No mais profundo do mar...

Professores:

Toda esta envolvência da equipe é o ideal que se procura dentro de um projeto como o nosso. Somos muitos, muitas cabeças a pensar, sendo que cada um tem os seus valores e perspectivas em relação à vida e à educação.

Temos problemas de agressões verbais, mas são poucos. O comprometimento de toda a comunidade escolar é fulcral.

■ **A Ponte recebeu um aluno de 15 anos, que tinha agredido seu professor e o deixado em estado de coma. Gostaria de saber como foi desenvolvido o trabalho com esse aluno.**

Professora:

Tratava-se de um adolescente com sérios problemas comportamentais, oriundo de uma família carente a vários níveis. O "trabalho" feito com ele foi semelhante a outros que também já recebemos na escola. Tentamos sempre valorizar cada um como especial e único, tentando sempre ter em mente toda a situação familiar, econômica e social da pessoa em questão, uma vez que é entendendo o seu historial que conseguimos uma aproximação. Por outro lado, não é a exclusão ou a expulsão que resolvem os problemas de indisciplina, porque isso eles já têm no seu dia a dia familiar, ou social.

Tentamos não desistir do aluno em questão, mas conversar, estabelecer proximidades, ganhando a sua confiança. Digamos que se tenta juntar assertividade com algum carinho e compreensão. Outras vezes negociando. Não tenho dúvidas (e a experiência de alguns anos na Ponte diz-me isso) de que, algumas vezes, um olhar diferente, um gesto diferente, uma palavra diferente, conseguem mudar comportamentos. Se um aluno tem um mau comportamento, não será berrando que a sua atitude vai mudar. Às vezes acontece o contrário, isto é, um aluno fala alto e o orientador responde num tom sereno, perguntando: "Por que falas assim comigo, por acaso fui malcriado contigo ou tratei-te mal?" Isto, muitas vezes, desarma-os.

■ **Como se dá o processo pedagógico com um adolescente que já vem de outra instituição com um "currículo oculto", assistematicamente falando?**

   Esse aluno é integrado aos demais, logo ao chegar à escola?

   Durante o tempo em que vocês pesquisaram e conviveram com alunos e pais de alunos da Escola da Ponte, houve alguma ocasião específica na qual presenciaram algo semelhante?

Pai de aluna:

São muitos os casos em que as crianças mudam radicalmente. O adolescente que nos apresentou a escola, assim que chegamos, em 2003 (quem mostra a escola para um visitante é sempre uma criança), havia chegado à escola alguns anos antes, depois de ter sido expulso de outra. No seu primeiro dia na Ponte, arrumou uma briga com outro jovem, que acabou levando-a ao hospital. Só soube disso bem depois e fiquei impressionado: aquele rapazinho em nada se parecia com alguém capaz de um dia ter feito uma coisa daquelas. Era agora um rapaz afetuoso, cumprimentado com alegria pelos outros alunos e admirado por seu talento de "grafiteiro". Ele agora canalizava a energia, antes violenta, para uma forma de expressão artística. Este caminho foi o mesmo seguido por outras crianças outrora violentas.

Na maioria das vezes, basta que se acolha de verdade a criança, oferecendo-lhe atenção e recursos para superar suas dificuldades. Pois é isso o que se faz o tempo todo na Ponte com todas as crianças, inclusive, as que estão em situação de risco social. Isso é possível, em grande parte, porque professores e alunos não estão mais presos atrás das grades de horário, não passam mais todo o tempo dando ou assistindo às aulas, e por isso podem encontrar tempo para aprender e ajudar a aprender. E a... ser.

ESCOLA DA PONTE

Qual o significado de Inclusão?

■ **É no processo de resolução de problemas que crianças, jovens e adultos apreendem a ser gente com saberes construídos em comunidade. Pergunto: Quando um professor que vem trabalhar na Escola da Ponte (que pertence ao Sistema Educacional Português) não se enquadra/internaliza, ou não apreende o Projeto Educativo da Ponte, ele é devolvido ao sistema?**

Professores:

É evidente que a expulsão nunca se apresenta como a solução dos nossos problemas, por muito fortes que sejam, porque as expulsões ou as exclusões não são nem nunca serão resposta a nada. Quando expulsamos um aluno, apenas estamos a abandonar temporariamente o problema, que vai crescer e piorar com esta atitude. O aluno percebe que o professor está a desistir dele e sente-se ainda mais revoltado.

Acerca da questão que levantas sobre o ingresso dos professores na Escola da Ponte, será importante começar por referir que ao contrário do que acontece com quase todas as escolas do nosso país, os professores que ingressam na Ponte não o fazem por nomeação do Estado ou por delegação de uma entidade superior. O professor concorre para ingressar na escola, sabendo de antemão como esta funciona e quais os princípios que defende. Não é obrigado ou forçado a fazê-lo! Entra na escola porque se revê com estes ideais e com estas práticas, ou seja, com o projeto educativo "Fazer a Ponte". Se nem sempre isso acontece ou não foi acontecendo ao longo desses anos, os professores que se equivocaram ou que perceberam que não era esse o seu lugar, acabaram por sair, procurando escolas com que se identificassem mais. É natural que nem todos entendam que seja esta a melhor forma de trabalhar ou que entendam que existem outros métodos, mais tradicionais ou não, com que se identificam (nem todos pensamos da mesma forma...). Agora, desde o momento em que integramos esse projeto, cumprimos e fazemos cumprir o que nele está estipulado, tendo em conta que os tempos mudam e poderão ocorrer determinadas alterações ou mudanças. Parece evidente. O projeto não é estanque e as pessoas não são carentes de opinião ou impedidas de fazer novas sugestões. Ainda assim, será necessário percebermos por que razão não estará a funcionar o que já funcionou e muito bem, antes de alterarmos apressadamente (e sem percebermos) o que quer que seja. Este aspecto parece-nos muito importante, uma vez que a tendência do ser humano quando as coisas não correm muito bem é mudar, sem se aperceber do porquê das coisas.

■ **Falam dos alunos novos, que ainda não entendem a linguagem e a prática da autonomia, levando os professores a exercerem autoridade. Pode-se dar um exemplo dessa relação professor-aluno (novo) no exercício dessa autoridade, na Escola da Ponte? Existem evidências de mudanças nos relacionamentos familiares na casa do aluno influenciadas pela metodologia da escola?**

Professor:

A metodologia e o ambiente de trabalho na Ponte são muito diferentes da escola "tradicional". Quando recebemos um aluno "novo", que já passou vários anos em outras escolas, ele traz já uma grande "bagagem" de concepção de um tipo de escola, que não é fácil alterar. É extremamente difícil criar condições de motivação intrínseca em alunos que, durante muitos anos, foram estimulados no sentido de serem "melhores do que os outros" ou de "tirar a melhor nota da turma".

Mais do que a orientação do professor, entra em jogo o papel do grupo de trabalho. Os alunos novos ficam inseridos em grupos de alunos com maior experiência de projeto, que os vão orientando no seu trabalho. É um processo longo, que requer a intervenção dos professores.

Esses alunos facilmente confundem liberdade com libertinagem. Então, o papel do professor é muito importante, é seu dever intervir, lembrando que associados aos direitos estão os deveres.

Não tenho dúvidas de que as *mudanças nos relacionamentos familiares na casa do aluno* são grandes razões pelas quais os pais continuam

ESCOLA DA PONTE

a aderir a este projeto. Mais do que o conhecimento que adquirem, é o saber ser e o saber estar o que caracteriza os alunos da escola. Esse crescimento não implica que a criança se torne um pequeno adulto, como poderia acontecer numa escola de regras rígidas. Aprende a ser responsável, solidário, autônomo e, ao mesmo tempo, a manter todas as características fantásticas das crianças: a curiosidade, a diversão...

Os pais transmitem-nos, diariamente, como este crescimento se revela na relação familiar, nas pequenas coisas do dia a dia. Na última reunião geral de pais, um encarregado de educação explicou que foi a filha que lhe ensinou a pedir a palavra e esperar a sua vez para falar...

Respeito pelas diferenças...

Aqui, no Brasil, "cooperação" (operar com) é vista, quase sempre, como "cola" ou "conversa fora de hora". Comecei a construir uma dúvida conceitual em relação à ação de vocês: vejo uma forte defesa da ideia de que, apesar de respeitarmos as diferenças de trajetória de vida e percurso escolar, "ninguém é mais especial que o outro" ou "não aceita que ocorram comportamentos diferentes na mesma escola". Usarei a frase padrão: "tratar os desiguais de forma igual" não é transformar diferença em desigualdade? Tratar o momento como algo definitivo e exigir a transformação numa hora em que talvez não se esteja em condição de se transformar (ainda!) não é autoritário? Em suma, discutir abertamente que alguém está num momento agressivo e que precisa de um tempo para repensar atitudes não é viável? No modelo de vocês haveria excesso de exposição do aluno? Tenho cá minhas dúvidas até por ambos terem sido enfáticos no ponto.

Professor:

Para a Ponte, parece-me que a ideia é esta: "todos são especiais de diferentes formas; em diferentes momentos da sua vida, todos são especiais e precisam de tratamento especial."

Tratar pessoas diferentes da mesma forma é gerar desigualdade. Cada um precisa de um tratamento diferenciado. Contudo, é preciso perceber bem o que se entende por isto. O objetivo é encontrar um ambiente em que o tratamento de cada um é diferenciado. Ou seja, a igualdade é a diferenciação para todos e não só para os que normalmente são considerados "especiais". Espero que tenha sido compreensível a ideia.

A questão não é exigir a transformação, a questão é torná-la necessária e com possibilidade de surgir. Torná-la necessária junto da pessoa (como é óbvio, refiro-me a uma necessidade própria, compreendida e assumida pelo próprio) e criar condições para que ela possa surgir. Por vezes, este caminho é demorado.

Em relação à exposição dos alunos, tudo depende do aluno em causa e do seu comportamento. Cada caso é um caso.

■ **Como trabalhamos com crianças e adolescentes, a indisciplina é fato. Como lidar com essa indisciplina em crianças portadoras de necessidades especiais? Já que a Escola da Ponte preza pela reflexão, como seria o trabalho com essas crianças?**

Professora:

Começo por citar a parte do projeto educativo Fazer a Ponte: "Prestar atenção ao aluno tal qual ele é; reconhecê-lo no que o torna único e irrepetível, recebendo-o na sua complexidade; tentar descobrir e valorizar a cultura de que é portador, ajudá-lo a descobrir-se e a ser ele próprio em equilibrada interação com os outros — são atitudes fundadoras do ato educativo e a as únicas verdadeiramente indutoras de necessidade e de desejo de aprendizagem."

Apesar das diferenças, e respeitando a individualidade de cada um, todos se regem por um referencial comum de Direitos e Deveres elaborado/reformulado no início de cada ano letivo pelos alunos em Assembleia de escola. Aqui reside parte do sucesso do projeto: são as próprias crianças que têm o papel mais ativo na

ESCOLA DA PONTE

gestão do seu conhecimento e dos seus próprios conflitos, regendo-se por um sistema de regras complexo que nenhum dos alunos fica ilibado de cumprir.

A promoção dos valores da solidariedade e do trabalho cooperativo, através da organização em equipe, permite colmatar os problemas que surgem no dia a dia.

Saliento a relevância da Comissão de Ajuda. Essa Comissão foi anteriormente designada de tribunal, e funciona como um mecanismo de autorregulação. Sempre que se identifica um aluno com indícios de indisciplina ou incumprimento sistemático dos seus deveres, a Comissão de Ajuda intervém e/ou elege outros alunos para o ajudarem. Para, além disso, também dão o seu parecer em situações de conflito. Esta é uma forma de autorresponsabilização coletiva, que permite diminuir a intervenção dos professores nos problemas disciplinares. Deve ter reparado que não faço referência aos meninos "ditos com necessidades educativas especiais"... O procedimento é idêntico, porque todos são "especiais".

■ **Como se trabalha a questão da disciplina com alunos com características mais evidentes em hiperatividade e autismo (ou Asperger)? Como os professores trabalham com isso, como trabalham os alunos com essa comunicação mais literal e um pouco "pobre" que essas pessoas costumam ter, uma vez que é diferente a "indisciplina" de um hiperativo, de um com síndrome de Asperger e de outras crianças?**

Professora:

Essas crianças apresentam dificuldades mais marcadas no domínio social, da linguagem e comunicação, e, desde a sua recepção, estipulamos, em conjunto com todos os orientadores educativos dos núcleos, regras que eles possam admitir como justas. Eles apresentam dificuldades em entender as "regras" instituídas na nossa escola, nomeadamente a lista de direitos e deveres.

Também tentamos diagnosticar as situações que lhes provocam maior tensão, com a finalidade de atenuar os movimentos repetidos e estereotipados que apresentam. Uma das situações que vivemos com essas crianças resultou na necessidade de se criar uma rotina prévia, na qual lhes é explicado de forma simples e clara o essencial de uma relação de agrado com os colegas e adultos. Ainda que as rotinas vão sendo alteradas conforme o que vai sendo decidido nos debates e nas assembleias... Por isso, compreendemos que fiquem perturbados, quando qualquer acontecimento impede ou modifica essa rotina.

O nosso foco principal é tentar desenvolver algumas competências para tentar colmatar as suas dificuldades: treino do contato visual; controle da intensidade de voz; controle da repetição obsessiva de cacofonias; treino da comunicação não verbal; treino da comunicação verbal (no nível da linguagem receptiva — leitura e escrita — e expressiva — conto e reconto de histórias, sequências de imagens, acontecimentos, histórias e cenas da vida diária); controle de desenhos compulsivos, repetindo o mesmo motivo; controle dos movimentos repetidos e estereotipados; fomento do aumento da autonomia de trabalho.

É preciso evitar situações de pressão ou sobrecarga de tarefas escritas, pois exigem deles uma concentração que, por vezes, é quase "dolorosa" e causadora de distúrbios no comportamento. É importante, por exemplo, o recurso às novas tecnologias e é, igualmente, necessário o uso de imagens e o treino da interpretação de conceitos e das competências sociais (uso de histórias sociais).

O contato frequente dos pais com a escola é de extrema importância. Os pais vão obtendo informações acerca dos progressos e dificuldades do seu educando, e vão conhecendo e colaborando em casa com o trabalho efetuado na escola.

Um profissional da Psicologia em equipe de projeto

■ **No Brasil, passamos quatro anos num curso de licenciatura. Nesses cursos nós temos 90% de matérias estudadas relativas à nossa área**

ESCOLA DA PONTE

de escolha: Matemática, Educação Artística, História etc. E apenas 10% de contato com as matérias de Didática, Psicologia, Metodologia etc. Ou seja: onde nós deveríamos ter mais conhecimentos e aprofundamentos nós não temos. Assim, nós nos formamos *experts* em nossas áreas e mal sabemos e conhecemos esses nossos alunos quanto aos aspectos emocionais, biológicos, sociológicos... Dessa forma, e devido a uma falha curricular, seria de fundamental importância termos em cada instituição escolar um profissional da área de Psicologia atuando junto de nós. Percebo que, muita vezes, de nada adianta estarmos passando informações e conteúdos de nossas áreas, se não temos a mínima ideia de todas as características desses alunos e de como lidar com as fases pelas quais esses alunos passam. Por isso, gostaria de maiores informações a respeito da presença e da atuação do psicólogo na escola.

Professor:

Mesmo sabendo que um psicólogo ajuda, será que só isso ajudará nas nossas falhas de formação inicial? Em Portugal, também existe esse problema na formação inicial de professores. Não me parece que seja tão grave como o descreve, mas acontece.

Na nossa escola, o psicólogo tem vários papéis. Participa na organização do trabalho dos alunos, disponibiliza materiais específicos para certos alunos e atua em áreas em que um professor não especializado precisa de ajuda. Também intervém no campo da psicologia clínica, em situações agudas, em que os alunos estão claramente em sofrimento. Contudo, essa intervenção restringe-se, sempre que possível, a curtos espaços de tempo. Finalmente, atua junto dos pais, sempre que necessário.

Lembro outra importante função do psicólogo: na orientação vocacional. Os alunos que se preparam para terminar o ensino básico, ou que vão escolher outra via de estudos, trabalham conjuntamente com o psicólogo (o tutor também tem um papel importante aqui), no sentido de escolher o que mais lhes agrada e a atividade na qual pensam vir a ter maior realização.

"E se fumar drogas leves na escola?"

■ **Como é tratado disciplinarmente um aluno que é apanhado a fumar drogas leves na escola? Se o caso for à Assembleia, a situação não irá criar rótulos ao aluno? Todos os casos são tratados na Assembleia ou existem situações resolvidas dentro dos gabinetes da direção? Como é que o aluno é tratado perante um ato que seja grave? A família é chamada? Se a reação da família for contra as decisões da escola, que medidas são tomadas?**

Professor:

Felizmente, creio que nenhum aluno fumou droga na escola. Seria extremamente grave e eles têm consciência disso. Os alunos são inteligentes e sensíveis e têm consciência de que nem tudo deve ser falado na Assembleia, apesar de poder ser... No tempo em que estou na Ponte, creio que nada foi resolvido dentro do gabinete da direção.

Sempre que conversamos com as famílias, temos o intuito de encontrar uma solução consensual. Se assim não for, nada resultará. Já houve muitas situações em que foi complicado conseguir uma solução consensual, mas tem sido sempre conseguido. Nem sempre tudo aquilo que se combina é aplicado na íntegra, mas caminhamos para lá. A escola é parceira da família. Só assim tem razão de existir.

■ **No caso de indisciplina de alunos na Escola da Ponte, como a questão é tratada? Há registros de ocorrências (aqui no Brasil é comum registrar em "livros-negros"), convocam-se os pais e as crianças, enfim, como é feito por aí?**

Professora:

A Ponte não tem um livro de registros de ocorrência. Portanto, outras medidas se revelam necessárias para a resolução de problemas comportamentais. Aqui, tal como já foi referido, os alunos regem-se por uma lista de Direitos e Deveres, propostos e votados por eles, e reformulados no início de cada ano letivo.

ESCOLA DA PONTE

Essa lista é um dispositivo que, de certa forma, norteia comportamentos e atitudes, no dia a dia da escola. Não obstante, ela não é "solução milagrosa" para todos os problemas. Algumas vezes, há outras intervenções que se revelam necessárias. Quando algum aluno tem um problema comportamental "mais grave", a primeira forma de tentá-lo resolver é através de uma "conversa" entre ele e os elementos da Comissão de Ajuda. No entanto, nem sempre esses elementos conseguem resolver o problema e é necessária a intervenção dos orientadores educativos, nomeadamente do professor-tutor do(s) aluno(s) em questão.

Quando o problema se torna mais sério, os pais são chamados à escola, no sentido de também se responsabilizarem e de atuarem, junto com os orientadores, nesse processo. Resumindo, são várias as formas e procedimentos usados perante um problema de indisciplina. A lista de Direitos e Deveres e a reflexão sobre ela; a intervenção ativa da Comissão de Ajuda; a discussão de alguns problemas do Acho Mal, em Assembleia; a intervenção dos orientadores educativos, com a presença do professor-tutor; eventualmente, a ajuda da psicóloga; o contato e a corresponsabilização dos pais.

A educação acontece na relação com o "outro"...

> "Ninguém educa ninguém, ninguém educa a si mesmo,
> os homens se educam entre si, mediatizados pelo mundo."
>
> Paulo Freire

O ato educativo é um ato de relação

■ Há algo que se sobressai no cotidiano das escolas que estudamos — o olhar atento e cuidadoso no estabelecimento de um "espaço de escuta" com a equipe de educadores e crianças. Mas muitos

professores manifestam as reais dificuldades enfrentadas na busca de um processo de mudança, visto não encontrarem pares, esbarrarem na burocracia e resistências. Sinto que há angústia, porque a busca é solitária, em vez de tentarmos fazer a diferença buscando dispositivos, alterações físicas nos espaços, pensarmos em uma tentativa de mudança que pressupõe esse espaço de escuta, ainda que no contexto da própria sala de aula de cada educador. O que você nos diz se esse começo for centrado nas relações entre educadores e crianças? É possível começarmos por esse caminho?

Professor:

No pouco que sei, creio saber que qualquer ato educativo é um ato de relação. E que a relação é sempre de um para um, no exercício da escutatória.

A inovação no nível dos instrumentos ou das reconfigurações dos espaços é importante. Mas os dispositivos de relação são bem mais importantes. Compreendemos isso bem cedo. E criamos espaços de escuta: o debate, a Assembleia, a caixinha de segredos, a comissão de ajuda, o grupo de acolhimento, o professor-tutor...

Mesmo no restrito contexto da sala de aula, um educador pode (e deve) instalar estes ou outros dispositivos. O ótimo será que a escuta se realize no nível de toda a escola. Enquanto tal não for possível, que cada um seja a mudança que deseja para o mundo, que faça a sua parte, que institua vínculos, ainda que apenas na sua sala de aula.

Mudar: aprendendo a lidar com o desconforto...

■ O meu filho disse que queria saber "aonde vai dar aquela porta lá da escola, subindo as escadas da quadra". Como você lidou com as primeiras perguntas, com os primeiros conflitos? De tanta informação que recebemos, sem nenhuma construção de fato, a gente

acaba se sentindo sabendo tudo, sem saber o que fazer diante de uma pergunta, de um problema real.

Professor:

A chamada "turma de lixo" era constituída por jovens que apenas conheciam uma linguagem: a da violência. No tempo a que me reporto, conceitos como "autoestima" não constavam do léxico docente. Mas, na verdade, o que aconteceu foi que, sem que disso tivéssemos verdadeira noção, consideramos prioritário encontrar a pessoa perdida em cada jovem para, depois, poder encontrar o aluno. Quando conseguimos alcançar esse objetivo, o desenvolvimento pessoal (afetivo, emocional, social, moral...) caminhou a par com o desenvolvimento no domínio cognitivo.

Foi surpreendente a rápida "recuperação" de conteúdos que, durante anos, os professores da escola não tinham sido capazes de transmitir. Mas não aconteceu por acaso. Os professores da Ponte tinham conseguido (finalmente!) tornar esses conteúdos significativos para os ex-alunos do lixo... a partir de perguntas — perguntas dos alunos!

Depois, foi uma questão de reconfigurar a escola. E aquilo que mais tem surpreendido, nos últimos 30 anos de trabalho em escolas que pedem colaboração, é verificar que os professores complicam o que é simples. As escolas estão organizadas para a transmissão de conteúdos, vemos o resultado desse tipo de organização (Prova Brasil, OCDE, Enem...) e os professores ajudam a manter uma organização de trabalho escolar que não resulta... O trabalho dos excelentes profissionais de que as escolas dispõem é desperdício.

É muito simples "reconfigurar" a organização das escolas. É simples transformar alunos sem motivação em alunos motivados, é mais fácil para o professor trabalhar num tipo de organização centrada na aprendizagem (que acontece na relação), sem detrimento da atividade de ensino (os professores não são objetos descartáveis). Surpreende que os professores prefiram sofrer, que admitam ser uma fatalidade que um ou mais alunos não aprendam. Surpreende-me que os alunos não façam perguntas. Que os professores não façam perguntas...

Deixamos uma pergunta: o que impede que as escolas mudem e que TODOS os alunos aprendam? Precisamos escutar perguntas, fazer perguntas. O mistério "para lá da porta" pode ser um bom princípio de projeto.

■ **Na escola estadual, trabalhamos com alunos desmotivados e com falta de perspectiva de vida. Muitos nem sabem o que é um cinema ou algo mais sofisticado. Na escola municipal, o quadro se repete em todos os sentidos. Porém, há um agravante: periferia com muita violência. Nos dois casos, pais ausentes, famílias separadas, uma porcentagem grande na sala de aula nem conhece a figura do pai, nem seu nome.**

Na escola particular, os pais são ausentes e tentam substituir a atenção por bens de consumo. Como trabalhar esse multiculturalismo de disciplinas familiares em um ambiente tão "livre" e "delicioso"? Como recorrer ao código disciplinar da Ponte e à lista de direitos e deveres, se o panorama descrito anteriormente é factível com uma superlotação, com cobranças de gestores, que seguem uma "cartilha" diferente, e a liberdade de cátedra é engessada pela política educacional pública de interesses à mascaração numérica por avaliações externas, que submetem o professor a vincular salário à aprendizagem?

Professor:

Infelizmente só tenho uma não resposta: mudando a gestão. Compreendo que dificilmente isso será possível, mas a questão é, em grande parte, essa. Cada escola tem que assumir o seu rumo. Aceito (apesar de ter dificuldades de compreender) que o caminho seja exclusivamente o das notas e que o mercado se rege por isso. É compatível a democracia e a liberdade com a existência de bons resultados acadêmicos!

Os pais, alunos, funcionários e professores da Ponte também querem que os alunos tenham bons resultados no nível das "notas". Mas não queremos só isso...

Minha questão é: como poderemos atingir a parte gestora? Em algumas situações percebo que existem professores até motivados, mas que não encontram apoio em suas propostas, ficando assim numa sensação de "estranho no ninho". Que orientações vocês dariam a um professor que tem esta vontade de modificar e melhorar, mas não encontra apoio — nem moral como também material — em sua direção, coordenação?

Professor:

Dar-lhe-ei a minha opinião, baseada na minha experiência e no contato com muitos outros colegas que estão a tentar alterar a sua prática.

Remar sozinho e conseguir que, dentro da escola, alguns colegas nos apoiem é muito difícil. Mas *Roma e Pavia não foram feitas num só dia*, tudo tem o seu tempo: lentamente, começando a existir resultados e esclarecendo todos os intervenientes, é possível mudar algo.

Na escola em que trabalhamos, estamos passando por um momento no qual há muita motivação para mudar o jeito de aprender e ensinar. As transformações, algumas delas inspiradas pela Escola da Ponte, estão recheadas de impasses e indagações nesse caminho de educar "na cidadania"; parece um longo caminho até que alcancemos algum sucesso.

"Levantar a mão para solicitar a vez de falar", por exemplo, é uma regra que perpassa todas as turmas, todos os anos; os alunos a reconhecem, os professores também. Mas você pensa que funciona na prática?! Que nada!

Professora:

Começo por felicitar esse grupo de professores motivados para a mudança. O questionamento é um ingrediente essencial para que qualquer alteração, por menor que seja, aconteça sem ser por mero acaso. Esse longo caminho da aprendizagem da cidadania faz-se dia a dia, por isso, é quase inconcluso.

Eu sei que a regra de pedir a palavra funciona na prática, porque a experiencio todos os dias. Essa é uma das regras definidas pelos próprios alunos e que consta da listagem dos deveres deles. Isso acontece porque compreendem a funcionalidade dessa norma: conhecem os seus benefícios e a confusão do seu incumprimento. Este é um exercício básico de cidadania. Não podemos confundir liberdade com libertinagem. A liberdade não pressupõe a ausência de quaisquer regras, até porque vivemos em comunidade, em constante interação. O que procuramos é que a liberdade seja sempre responsável e solidária.

Os adultos também estão em contínuo processo de aprendizagem da cidadania, alguns mais do que outros. É natural que as nossas vivências passadas (ou a ausência delas) e determinados contextos determinem o ato de ser cidadão, até porque há sempre a "tentação" do facilitismo, do individualismo, do prazer momentâneo, como acontece no caso que relatou. O certo é que a cidadania também é o respeito pelo outro, assim como a liberdade.

Quando fala que a postura tem mudado ao longo do tempo esse é o sinal de que a cidadania aprende-se na prática. Os nossos alunos aprendem a ser cidadãos ativos e felizes, em contexto de exercício da cidadania. Exemplo claro disso é a existência semanal de uma Assembleia de alunos, em que eles debatem e solucionam os problemas da escola.

A verdade é que os alunos são o reflexo dos seus educadores: se os professores não são nem autônomos nem cidadãos ativos, como poderão orientar naquilo que desconhecem? A orientação caminha de mãos dadas com a aprendizagem. Também são os nossos erros que nos proporcionam a reflexão e o crescimento, seja ele a que nível for. Todos os desvios podem ser controlados ou evitados através de uma postura atenta, crítica, construtiva e solidária. É preciso confiança e determinação nos nossos ideais. Estou certa de que é o seu (o vosso) caso.

◼ Como estimular nos estudantes a responsabilidade, se o meio no qual estão inseridos não propicia tal formação? Como estimular uma formação cidadã, se a sociedade vive em questão do mercado e do vestibular, sendo que estes exigem apenas o aprendizado técnico?

Professora:

De fato, a parceria entre o ensino e a formação integral do indivíduo pode tornar-se, facilmente, um antagonismo, quando aprendizagens sem sentido, vazias de significado para aqueles que as retêm até o exame final se sobrepõem ao desenvolvimento de competências, como a responsabilidade, a autonomia, a consciência crítica, a participação, a entreajuda...

Vive-se uma quase esquizofrenia entre o que acreditamos ser o caminho para a formação integral de cada ser e as exigências impostas pelos exames. Na Ponte, defendemos que a avaliação imposta pelo professor ou pelo Ministério, num teste igual para todos e de duração rigidamente definida, não tem qualquer significado. Contudo, como a autonomia que nos foi concedida pela administração central só é válida dentro da lei geral, os alunos que terminam o 3º ciclo são submetidos aos exames nacionais. Compreenderá que também nós nos confrontamos com essa dicotomia. Entendemos, no entanto, que o essencial na formação é a valorização de cada indivíduo, o desenvolvimento das competências gerais, bem como as aprendizagens que terão significado para si próprio, com o objetivo máximo de ajudar cada criança a construir um quadro de valores e de se tornar um adulto socialmente bem integrado.

No nosso dia a dia, procuramos que cada aluno planifique as suas aprendizagens, se avalie e aperfeiçoe, permitindo o desenvolvimento de tarefas e projetos de acordo com os seus interesses e problemas vividos, mas garantindo por sua vez que as competências essenciais previstas para cada ciclo também sejam desenvolvidas.

Para além da escolha responsável das suas aprendizagens, a motivação ou o estímulo de um aluno flui também da entreajuda do seu grupo de trabalho, do equilíbrio emocional e orientação mais próxima desenvolvida com o professor-tutor.

Sugiro, por fim, algumas reflexões. Aquilo que a sociedade pretende é profissionais competentes, com muita formação acadêmica sem saber aplicá-la, ou excelentes técnicos sem capacidade de inovar perante uma nova situação? O que a sociedade pretende são trabalhadores individualistas, ou equipes de trabalho, que cooperem para o sucesso de todos? O que a sociedade pretende são indivíduos formatados ou indivíduos capazes de aprender e de se aperfeiçoarem?

■ **Fiquei pensando o quanto se faz necessário constituir um espaço de escuta na escola, mas que esse espaço avance das queixas de senso comum e lamúrias para uma atitude reflexiva e embasada. O que hoje enfrentamos em nossa escola é que nesse espaço os professores fazem uso para queixas e as soluções são de senso comum. Nosso desafio é promover um avanço nisso. Mas sinto que, às vezes, não damos conta e vejo muitos professores culpabilizando e terceirizando responsabilidades, no lugar de buscar soluções conjuntas. Algo muito em pauta ultimamente é a "indisciplina dos alunos". Em vez de se debruçarem em ações diferenciadas, queixam-se que a escola é permissiva e os pais também, e que se os alunos tivessem uma punição tudo se resolveria. Questionamos tais posicionamentos e até investimos em provocações para que se revejam e repensem as concepções que possuem, mas a disponibilidade é muito pequena ou nula.**

Como promover um espaço que promova a reflexão e a transformação pessoal?

Professor:

Conseguir tal espaço é como conseguir a quadratura do círculo...

Infelizmente, aqueles que recusam mudar e melhorar podem recusar mudar, podem recusar melhorar. Vivemos um tempo de desmoralização e perda de sentido da profissão. E não creiam que eu sou pessimista! Resta-nos a esperança. Como diria o nosso amigo Rubem, um educador não é otimista, é esperançoso. Porque o otimismo é da natureza do tempo. E a esperança é da natureza da eternidade. Nós, educadores, trabalhamos para os nossos alunos de hoje, mas os nossos atos refletem-se na eternidade.

Há muitos anos atrás, tivemos a sorte de encontrar companheiros de projeto. Fazemos votos de que outros os encontrem.

■ Os temas ou assuntos que são motivo das reflexões coletivas são propostos por quem?

Há algum "estatuto" que rege as assembleias? Como posso conhecê-lo?

Professora:

Integro o Projeto Educativo "Fazer a Ponte" há apenas dois anos. Nesse tempo, os momentos de reflexão crítica conjunta têm sido, infelizmente, ainda escassos. Há um espaço de partilha entre orientadores educativos denominado "Espaço Prof.", que conta, habitualmente, com a presença de um convidado. Neste ano letivo, pretende-se que as reuniões de equipe recuperem do passado o hábito de ser um momento coletivo de reflexão pedagógica. Pensamos que só assim as reuniões farão sentido, sem nos perdermos nas teias das questões burocráticas.

Os temas são propostos por todos os orientadores educativos que o desejam fazer. De forma geral, cada um de nós pode e deve lançar temas de discussão. Os coordenadores de núcleo e o coordenador geral têm também um papel importante. Na verdade, é a dinâmica do dia a dia que exige de nós uma reflexão coletiva, atenta e crítica, ou seja, a discussão não surge ao acaso, mas decorrente das práticas, para sobre elas, posteriormente, incidir o debate.

Darei dois exemplos: a reflexão sobre o papel e a utilização dos dispositivos pedagógicos do Projeto Educativo "Fazer a Ponte", ou sobre o entendimento da lógica (infrutífera e sem verdadeiro sentido pedagógico) do castigo.

Respondendo à segunda questão, a Assembleia possui o seu regimento. Poderá consultá-lo no *site* da escola (http://www.escoladaponte.pt/).

Professor:

Nas reuniões de dimensão estão, no máximo, 11 professores. São relativamente pequenas e a agenda, em grande parte, já provém de reuniões anteriores ou de conversas que vão surgindo. Por vezes, mas muito raramente, o Conselho de Gestão pede às dimensões que discutam alguns pontos específicos.

Na reunião de núcleo, o coordenador respectivo propõe uma ordem de trabalhos com base nos problemas que o núcleo atravessa, do que observa e das conversas que teve com os colegas e com o restante Conselho de Gestão. Saliento o "propõe"... Muitas vezes, os colegas do núcleo sugerem outros assuntos, ou colocam outras prioridades.

Nas reuniões gerais existe, quase sempre, uma convocatória que fixa a ordem de trabalhos. É lógico que, mesmo havendo uma ordem de trabalhos, nem sempre é respeitada, porque surgem novos assuntos considerados importantes, e a discussão não é estanque.

No "mundo real"...

■ **É de conhecimento que muitos alunos da Ponte foram "recusados" por outras escolas e devem ter chegado até vocês desmotivados e bastante descrentes quanto ao seu futuro. Imagino que foram acolhidos pela Ponte, trabalhados emocionalmente quanto à autoestima e outros processos emocionais e cognitivos, estimulando-os. Também imagino que muitos são alunos economicamente desprivilegiados. Não sei como é o sistema de admissão nas faculdades e universidades de Portugal, mas gostaria de saber como os alunos da Ponte enfrentam este processo, se eles se saem bem.**

Mesmo os que não cursam uma faculdade, como estão se saindo no "mundo real"? Usam sua autonomia no dia a dia? Vocês poderiam citar exemplos disso?

Professora:

De fato, há alunos que chegam à nossa escola marginalizados por outras, desmotivados em relação à função da escola nas suas vidas e com um profundo sentimento de frustração. A organização da escola dita "tradicional", idealizada para um suposto "aluno médio", pode desencadear isso mesmo. Como referiu, alguns desses alunos vivem ainda em contextos familiares com inúmeras fragilidades.

Como valorizamos a individualidade de cada aluno, a organização do trabalho e da escola procura promover a dimensão individual e social de cada percurso educativo. Assim, a tutoria tem um papel importante nesse acompanhamento individualizado. Por outro lado, os grupos de trabalho nos quais esses alunos se inserem também os ajudam na integração no novo contexto, no estímulo pela aprendizagem e na autodescoberta. Há ainda um conjunto de dispositivos, como o "Eu preciso de ajuda" ou a "Comissão de Ajuda", promotores da solidariedade entre todos os alunos da escola.

O fato de os alunos terem a liberdade responsável de escolha das tarefas a realizar, de se promover a aprendizagem pela descoberta e uma perspectiva construtivista do conhecimento leva a que as aprendizagens se tornem significativas. Desse modo, os alunos desenvolvem a motivação intrínseca para a aprendizagem, para se tornarem cidadãos autônomos, solidários e ativos. Penso que, infelizmente, ainda não foram feitos estudos em relação ao desempenho dos nossos antigos alunos noutros contextos, por exemplo, escolares. Contudo, pelos testemunhos de alguns colegas e dos próprios alunos, a adaptação a esses diferentes contextos é feita, de forma geral, com sucesso, sobretudo pela autonomia adquirida. Uma autonomia posta em prática na habitual dinâmica dos estudos: no autoplanejamento, na resolução de problemas, na pesquisa...

Que desafio para nós educadores: fazer acontecer uma escola que atenda a todos, com amor, afeto, carinho, com conhecimentos científicos, com qualidade, que desenvolva o ser, com toda a sua inteireza, de forma plena. Tarefa fácil? Com certeza, não.

É preciso e urgente acontecer uma revolução (mesmo que silenciosa) no sistema educacional. A escola, o ambiente formal para esse desenvolvimento, não tem conseguido atingir aos objetivos, é claro que escrevo o óbvio.

Recordo-me dos nossos pequenos serem maltratados, com palavras grosseiras, com insultos... E o pior que não era pelos seus pares, mas por professores, supervisores.

Sei que temos muitos profissionais da educação que buscam encontrar respostas, que querem ajudar a humanidade, o progresso da pessoa e do coletivo, conduzindo-os para o Ser Feliz. Por que não conseguimos fazer mais nessa rede? Será que um processo criterioso de avaliação dos profissionais da educação ajudaria a mudar o quadro? Como? Valorização profissional? Será que as nossas universidades precisariam de reformas?

Eu acredito que não é em vão que estamos tecendo essa rede. Nós temos um compromisso de fazer acontecer a revolução necessária e urgente. Como a bela canção: *"Quem sabe faz a hora, não espera acontecer..."* Ou vamos escolher chegar ao caos?

Sei que, por mais que queiramos, sozinhos não fazemos nada, precisamos buscar parceiros, companheiros solidários. E não estamos sós.

Quem pensou na Assembleia para a Escola da Ponte? Como se deu o processo de criação? Teve algum referencial que o embasasse? O que a Assembleia decide em relação à comunidade externa? Qual o nível de escolaridade dos pais? Qual o percentual de presença da família na escola? Quais são os problemas familiares mais presentes do cotidiano da Ponte? Já aconteceu entre vós, graúdos, algum desrespeito, ou com palavras, gestos, diante dos miúdos? Se afirmativo, com foi feito resgate? As crianças participaram?

ESCOLA DA PONTE

Acredito muito na educação, sei, tenho certeza de que ela é capaz de ajudar a humanidade, no entanto, somos fortes e nos deixamos enfraquecer. Tenho medo de não conseguir fazer o papel do beija-flor...[5] Há muitos indefesos que não conhecem o que teriam o direito de conhecer, são enganados, maltratados... E o que nós, o que a escola está fazendo e tem feito por estes SERES?...

Lembro a proposta da Juana, contada no Congresso: juntar todo esse povo que está comungando, partilhando suas inquietudes, seguranças, reflexões, experiências, utopias, em um só lugar. Imagine se pudéssemos mudar a realidade, transformar, incomodar todos para fazerem as transformações necessárias...

Professor:

É gratificante ler o que escreveu: "Sei que temos muitos profissionais da educação que buscam encontrar respostas, que querem ajudar a humanidade, o progresso da pessoa e do coletivo, conduzindo-os para o Ser Feliz." Partindo dessa afirmação, direi que só precisamos agir como o beija-flor da história do incêndio na floresta. Partamos do que temos: nós.

Parafraseando Kennedy, de modo livre, em vez de perguntar o que o sistema pode fazer por nós, perguntemo-nos o que poderemos fazer para melhorar o sistema. Um "processo criterioso de avaliação dos profissionais da educação ajudaria a mudar o quadro". Mas como poderemos garantir que o processo seja criterioso? Todas as louváveis tentativas realizadas em Portugal nesse sentido revelaram-se pouco rigorosas e foram aniquiladas pelo corporativismo manifestado por muitos "professores".

É preciso valorizar a profissão, aumentar o seu reconhecimento social. Mas a imagem social da profissão não melhorará enquanto a escola continuar a ser produtora de insucesso e infelicidade. Para

---

5. Eis a explicação do beija-flor: Ele ia buscar água no bico, para apagar o fogo na floresta. Outros pássaros, que fugiam das chamas, interpelaram-no: "por que fazes isso, se não vais conseguir apagar o fogo com gotas de água?" O beija-flor respondeu: "faço a minha parte."

exigir reconhecimento, é preciso apresentar resultados. Para conseguir melhores resultados, é preciso elevar a autoestima dos professores. Círculo vicioso?...

Pergunta: "Será que as nossas universidades precisariam de reformas?" Não. Muitas universidades deveriam ser fechadas...

Quem pensou na Assembleia para a Escola da Ponte foram os professores e os alunos, quando sentiram necessidade de um dispositivo promotor de participação e democraticidade. Como nunca criamos algo novo, inspiramo-nos em autores como Freinet, Ferrer, Rogers... A Assembleia fez intervenções na comunidade externa, quando debateu projetos de intervenção na comunidade.

O nível médio de escolaridade da maioria dos pais é muito baixo, à semelhança do nível socioeconômico. Somos uma escola da rede pública.

A presença da família na escola é constante. O presidente da associação de pais comparece na escola quase todos os dias. As reuniões periódicas são muito participadas. Embora, em períodos de crise, a participação diminua...

■ **Vocês percebem diferenças entre vocês e alunos de escolas tradicionais? Vocês acham que é mais fácil ou mais difícil estudar na Ponte do que em escolas tradicionais?**

Aluno:

É com muito gosto que respondo às questões sobre a minha escola. Em relação à primeira questão, penso que as pessoas que entram para a Escola da Ponte, por vezes, têm uma adaptação um pouco demorada. Mas, com ajuda de todos os alunos e de todos os professores, e com um bom ambiente escolar, essa adaptação torna-se mais fácil. E os nossos colegas que chegam acabam por perceber o nosso projeto e o método de estudo.

Em relação à segunda questão, acho que isso de ser mais fácil ou mais difícil não são os termos certos, porque são métodos de estudo

ESCOLA DA PONTE

diferentes. O nosso método de estudo abrange mais a autonomia, responsabilidade, permite-nos exprimir a nossa opinião.

Nós sabemos que em outras escolas o método é diferente do nosso, que a autonomia é um pouco esquecida, que os alunos fazem mais ou menos aquilo que os professores indicam. Apenas são métodos de estudo diferentes. O nosso projeto abrange umas coisas e os outros projetos abrangem outras.

Para alunos e ex-alunos: Vocês já se encontraram diante de alguma situação em que sentiram falta de algum conhecimento, por não terem escolhido estudar aquele determinado assunto? Como se sentiram e como reagiram?

Como era a Educação Física na Escola da Ponte e o que você aprendeu com esta área de conhecimento, que você considera importante para a sua vida?

Aluna:

Todo o programa estipulado pelo Ministério tem de ser cumprido. Acaso isso não aconteça, o que é muito comum em muitas escolas, pelo menos, a sua maioria tem de ser estudado! Embora tenhamos a liberdade de escolher a ordem dos assuntos a estudar em determinada disciplina, todos os temas terão de ser aprendidos. Se não forem hoje, sê-lo-ão amanhã...

Pessoalmente, ainda não me deparei com situações em que os meus colegas, que frequentaram uma escola diferente, tenham estudado algo que eu não havia estudado na Ponte. Contudo, é possível isso acontecer, assim como é normal ocorrer o contrário. O que se verifica mais é que muitos dos alunos que frequentaram a Escola da Ponte aprofundaram um pouco mais os assuntos, o que não acontece muito nas escolas do ensino "tradicional".

Quanto à sua questão sobre a Educação Física, penso que o melhor é colocá-la aos professores dessa disciplina, que poderão ser mais explícitos do que eu, nesta matéria. Porém, posso dizer-lhe que essa disciplina me ajudou a compreender o quão importante e divertido é conhecer o corpo e fazer desporto, além de nos mostrar também as vantagens de trabalho de grupo e de união de equipe! Todos estes ensinamentos são transportados para a vida real e trazem consigo o maior sentido de vida!

Professor:

Só um pequeno acrescento ao que foi afirmado pela nossa aluna, utilizando mais um provérbio chinês: *"Dê um peixe a um homem faminto e você o alimentará por um dia. Ensine-o a pescar e você o estará alimentando pelo resto da vida."* Deveria ser um dos objetivos de todo o ato educativo. Na Ponte, tentamos...

■ **Gostaria que você me contasse um pouco sobre o clima de trabalho entre os alunos e professores na Escola da Ponte. Como são tratadas as regras, há discussões e brigas entre os alunos? Como os professores trabalham essas questões?**

Aluna:

É com muito prazer que respondo à sua pergunta, pois tenho vindo a perceber que muita gente pensa que a Escola da Ponte, sendo diferente das outras, não "sofre" os mesmos problemas com que várias instituições educacionais se deparam.

O clima entre alunos é idêntico ao clima vivenciado em outras escolas. Por estudarmos nessa escola "diferente", não deixamos de ser humanos e de termos os nossos problemas com aqueles que nos rodeiam. Mas, sinceramente, nunca houve (pelo menos, que eu me lembre) agressões entre alunos. Penso que isso é explicável pelo fato de estarmos habituados a viver rodeados de regras por nós criadas e por estarmos mais do que cientes de que o respeito é a base da vida em comunidade. Além do mais, uma escola cujos alunos defendem a igualdade e a comunicação como via de protesto não deveria agir contra os seus princípios.

Apesar disso, há quem o deseje, mas para isso temos dispositivos como o "Acho Mal", que nos lembram de que há outras vias para

ESCOLA DA PONTE

resolvermos os nossos problemas. Quando escrevemos no "Acho Mal" o que achamos que não está correto — não só no nível da escola, como também no que diz respeito ao comportamento dos colegas —, o problema é levado à Assembleia. E aí, em conjunto, chegamos a uma solução que sirva aos intervenientes. Caso o problema tome proporções indesejáveis, os professores intervêm, chamando-nos à razão ou, caso seja necessário, informam os nossos pais do ocorrido.

Ex-aluna:

A relação aluno-professor é muito mais intensa na Escola da Ponte, uma vez que a proximidade é muito maior. Tal proximidade faz com que vejamos mais facilmente as qualidades e os defeitos de cada um, o que nos leva a gostarmos mais ou menos de alguém. Contudo, não a trocaria por nenhuma distância!...

É difícil explicar o clima de trabalho entre professores e alunos, uma vez que eu os via como amigos. Sei que isto deve parecer estranho, uma vez que é raro, quando frequentamos uma escola de ensino tradicional, termos um professor como um amigo. Não, porque outros não tenham sentimentos, mas porque a distância a que alguns professores se impõem não lhes permite tais familiaridades com os alunos.

Embora a amizade exista entre professores e alunos na Escola da Ponte, o respeito está sempre presente!

Em jeito de síntese

Algumas perguntas e três depoimentos...

▪ **Se eu não tivesse assistido algumas vezes e visto com meus próprios olhos, dificilmente acreditaria se me contassem: mais de 200 crianças entre os 8 e 12 anos num auditório, praticamente nenhum ruído, nenhuma algazarra, erguendo uma das mãos antes de falar e somente falando quando a palavra lhes é concedida. Como se consegue chegar a este comportamento com crianças que normal-**

mente nessa idade costumam ser tão barulhentas? Eu não conseguiria conceber ter uma dúzia de crianças reunidas fazendo aquele silêncio. Mais de 200, então, seria impossível. Como vocês conseguem tornar possível esse impossível?

Um dos dispositivos usados na Ponte é a relação de Direitos e Deveres dos alunos. Como esta relação é construída? Vocês professores apresentam algum modelo ou alguma proposta para os alunos ou eles criam de forma mais livre e espontânea? Contem um pouco como é esse processo que geralmente ocorre ao início de cada ano letivo.

Outro dispositivo usado na Ponte são as chamadas "Responsabilidades", os grupos de alunos que cuidam da manutenção do silêncio nos espaços de estudo, do clima amistoso nos intervalos de recreação, a chamada "Comissão de Ajuda". Contem-nos um pouco a respeito disso e de como funciona.

A indisciplina é citada com muita frequência como um dos maiores problemas enfrentados por professores com relação a seus alunos nas escolas convencionais. Por favor, imaginem-se por um momento como um professor numa dessas escolas: o que vocês fariam para prevenir e/ou combater a indisciplina? Que procedimentos vocês sugeririam para professores que atuam em escolas convencionais para vencerem esse problema?

De alguns anos para cá, a Escola da Ponte tem recebido alunos vindos de escolas das quais foram expulsos, entre outros motivos, por problemas de indisciplina. Que trabalho vocês fazem com alunos com esse perfil para que respeitem direitos e deveres e não incorram nos comportamentos que em outras escolas provocaram sua expulsão?

Haveria algum artigo ou livro que vocês nos recomendariam ler para entender melhor o problema da indisciplina na escola e ajudar a encontrar soluções? Que artigos ou livros mais ajudaram vocês a encontrar os caminhos que têm levado a resultados tão positivos com suas crianças e adolescentes?

Primeiro depoimento

Relativamente à primeira questão, essa foi de fato uma das atitudes que mais me surpreenderam, quando participei pela primeira vez numa Assembleia de alunos. Foi a reunião da Assembleia na qual a Constança passava o "testemunho" da presidência ao João Coutinho e se despedia para ingressar na Escola EB 2/3. Não acreditava no que os meus olhos estavam a ver: uma criança de 12 anos, que chorava em frente a todos os outros colegas da escola e balbuciava, dizendo que esta tinha sido para ela uma das melhores experiências de sempre na Escola da Ponte. Desejava boa sorte e um bom trabalho ao seu "sucessor" com uma franqueza e sinceridade que nos fazia corar (aos adultos). As outras crianças olhavam-na fixamente e não se ouvia nem sequer um murmúrio, até eu não contive as lágrimas e a emoção, agindo disfarçadamente. Percebi neste momento que estava de fato numa escola diferente, uma escola construída numa base de valores humanos não institucionalizados, de crianças diferentes e de orientadores diferentes.

Hoje, passados três anos, percebo que esses alunos são assim porque, desde o primeiro dia em que entram para esse projeto, iniciam um percurso de construção individual e coletiva que privilegia acima de tudo o indivíduo na sua essência e na relação com os outros (pais, colegas, orientadores e auxiliares). De fato, desde a primeira vez, todos os alunos aprendem numa base de cooperação e respeito pelo outro, que passa, essencialmente e em termos práticos, pelo pedido de palavra. Respeitar os outros é saber ouvi-los e saber intervir quando oportuno. Quero com isso dizer que esses comportamentos e essas atitudes são desenvolvidos sistemática e coletivamente. Uma das estratégias também muito utilizada na promoção desses comportamentos é o debate de preparação da convocatória, isto é, os alunos permanecem em silêncio quando percebem as dinâmicas que ali estão a ser criadas no encontro, quando têm uma opinião sobre os assuntos em debate e, principalmente, quando percebem a pertinência desses assuntos.

Contudo, para mim, o fator fundamental dessas atitudes, em face da reunião da Assembleia, é o fato de ser um momento significativo para eles, uma vez que foram os próprios a determinar os assuntos da convocatória e são os próprios a sentir mais proximamente os problemas da escola como seus.

Apesar de ter citado como dispositivo regulador de comportamentos o pedido de palavra, os alunos regem-se acima de tudo por um documento que orienta e norteia todas as suas atitudes perante a comunidade escolar: a lista de Direitos e Deveres.

A lista de Direitos e Deveres funciona como uma espécie de código de conduta, que pretende regular os comportamentos dos alunos e promover a atitude de respeito pelo coletivo. Este referencial é totalmente construído pelos alunos, embora parta sempre da lista aprovada no ano anterior. É um documento que, pela sua essência, começa a ser trabalhado logo no início do ano letivo e debatido exaustivamente em diferentes situações, com o objetivo de ser conscientemente aprovado na Reunião de Assembleia. Os alunos podem eliminar, inserir ou alterar qualquer direito ou dever, de acordo com as suas necessidades. Mas, acima de tudo, devem fazer cumprir seja qual for a votação da maioria.

Este exercício é, logo na abertura do ano letivo, um exercício de democracia por excelência. Os alunos que entram para a Ponte percebem desde cedo que o dia a dia não é construído segundo uma atitude individual e sim coletiva e solidária (como deverá acontecer com os professores e funcionários), num espírito de comunidade escolar.

Como comunidade que é, todos devem se sentir responsabilizados para atuar e mudar o que os rodeia. É segundo esse princípio que todos os anos surge a necessidade de criar grupos de Responsabilidade que atuem na comunidade, que também é a sua, e melhorem o seu funcionamento. Neste sentido, no início de cada ano, os alunos juntam-se para elencar as suas necessidades e se inscreverem na responsabilidade em que gostariam de colaborar. Esta postura de corresponsabilização dos alunos pretende promover a sua atitude cívica e, mais uma vez, o espírito de cooperação e entreajuda.

Os alunos juntam-se em pequenos grupos (de diferentes núcleos) e desenvolvem atividades semanais mais relacionadas com a sua responsabilidade, decidindo e atuando diretamente no melhoramento de determinado aspecto da escola.

Neste ano, as responsabilidades foram, entre outras: o refeitório, o jornal, a biblioteca, o correio da Ponte, as visitas na Ponte, a Assembleia, o recreio bom... Os professores também se inscrevem numa responsabilidade e ajudam na dinamização das atividades ou na realização das tarefas.

Mas nem sempre as coisas correm bem e é inevitável que determinados alunos tenham ainda dificuldade em interiorizar os deveres votados e as regras instituídas. Quando isso acontece, os alunos são os primeiros a ajudar os seus pares, antes de qualquer intervenção de um adulto. Falo, especificamente, da Comissão de Ajuda.

Os alunos encontraram uma forma de poder manifestar o seu desagrado ou agrado em relação à escola toda e desenvolver o seu espírito crítico: o Acho Bem e o Acho Mal. Esses dispositivos são o primeiro sinal de que tudo corre bem ou de que algo está mal e precisa ser melhorado.

A Comissão de Ajuda monitoriza esses dispositivos e atua de imediato, tentando negociar conflitos entre os meninos ou dar sugestões para problemas do dia a dia. Essa Comissão é eleita pelos alunos e pelos professores e trabalha em parceria com a Mesa da Assembleia, porque, por vezes, também ela precisa da ajuda de toda a escola para encontrar respostas. Por vezes, a intervenção da Comissão de Ajuda não basta e os adultos têm de intervir nos casos mais delicados.

Para que ocorra a indisciplina, haverá fatores que devem ser objeto de reflexão dos orientadores: o contexto familiar, sociomoral e afetivo do aluno, o percurso escolar e as experiências anteriores de aprendizagem, a relação com os anteriores agentes educativos, as expectativas em face da escola e a dificuldade de aquisição das ferramentas básicas para a aprendizagem (a leitura, escrita e cálculo matemático).

Numa primeira fase, é muito importante perceber com rigor todo o histórico da criança em relação a esses aspectos, pois vão ser eles a primeira base de trabalho individual com o aluno. Esse trabalho é desenvolvido pelo professor-tutor em parceria com a família e a psicóloga da escola. Depois, é fundamental fazer compreender à criança que a sua adaptação na escola depende inevitavelmente do cumprimento dos mesmos deveres pelos quais todos os outros alunos se regem. Em minha opinião, uma das formas de o orientador transmitir isso é respeitar a inclusão, agindo sem diferenciação de procedimentos. Ou seja, cada criança é um ser único, irrepetível e tem direito a um percurso de ensino-aprendizagem que respeite os seus ritmos, aptidões e expectativas. Como orientadora, devo velar pelo cumprimento das decisões coletivas e agir em conformidade com as regras estabelecidas.

Cada criança é especial, mas nenhuma é mais especial que as outras. A indisciplina dos alunos começa com a indisciplina dos professores e, para que não seja mal interpretada, explico-me: é necessário perceber que nem todos os alunos fizeram o seu percurso na Ponte desde a primeira vez e que talvez não tenham tido as oportunidades que qualquer criança por direito deveria ter. A atitude mais honesta que os professores podem ter para com esses alunos, desde o primeiro dia, é facilitar a adaptação à escola, não escamoteando tudo o que já disse atrás e que são valores matriciais e princípios orientadores do Projeto Educativo: a cooperação, a solidariedade, o respeito pelos outros e a responsabilidade.

Como fazer esses alunos perceber e interiorizar esses valores? Esse tem sido nosso maior desafio, pois as estratégias são poucas para dar resposta aos problemas de indisciplina. Algumas das estratégias implementadas são: a diversificação das aprendizagens (indo ao encontro de interesses e expectativas individuais do aluno), o contato permanente com os encarregados de educação (responsabilizando-os pelo comportamento do educando e ajudando-os a encontrar novas estratégias de entendimento, de diálogo e de negociação de regras comportamentais), o acompanhamento psicológico (trabalhando com a psicóloga as questões de fundo que podem estar na base de alguns comportamentos) e o constante reforço positivo na relação com os orientadores e com os colegas (trabalhar em grupo, ter a ajuda dos

ESCOLA DA PONTE

outros, ser parte de um grupo que decide e dá a sua opinião, promover iniciativas inovadoras, ser responsável por algo, dialogar livremente com qualquer professor, sentir que os outros se interessam pelos seus problemas, sentir que a escola é formativa e não "seletiva" e que os professores promovem a reflexão e não a sanção). E, também, encontrar um ponto de equilíbrio entre o carinho e a firmeza, porque há momentos em que um olhar assertivo ou uma chamada de atenção são indispensáveis e porque liberdade não pode ser confundida com abuso ou falta de respeito; para nós, autoridade não é sinônimo de autoritarismo.

A Escola da Ponte não é diferente das outras escolas e lida com muitas dúvidas sobre como resolver os problemas de indisciplina. Porém, em nenhum momento das nossas reflexões e ansiedades, a exclusão ou a expulsão do aluno se apresenta como resposta. Como conseguiremos viver numa escola de afetos, valores, cidadania, democraticidade e liberdade se dermos como resposta a um aluno a exclusão?

Tenho-me debruçado pouco sobre esta matéria em termos de leituras, pelo simples motivo de que ainda estou a fazer leituras que se relacionam mais com conceitos como a autonomia, a avaliação e a metodologia do trabalho de projeto. Contudo, houve alguns livros que me ajudaram a pensar um pouco sobre esta questão: Pedro Cunha, *Conflito e negociação*, Edições ASA; Jesus Maria Sousa, *O professor como pessoa*, Edições ASA; Ariana Cosme e Rui Trindade, *Manual de sobrevivência para professores*, Edições ASA.

Segundo depoimento

Antes de mais nada, entendo ser importante começar por relatar o meu pequeno historial como orientador educativo na Escola da Ponte.

Depois de terminar o meu estágio pedagógico numa escola de práticas comuns (ditas tradicionais), aproveitei o ano seguinte para conhecer melhor o modo de funcionamento dessa escola. Trabalhei como professor voluntário durante todo o ano, com todos os núcleos da escola, inclusivamente, com o núcleo do aprofundamento, inserido num outro contexto espacial. Foi de fato uma experiência fantástica, que mudou a minha visão sobre a educação em Portugal (pequena como professor... enorme como aluno!).

Fiquei impressionado com o modo tranquilo como a Assembleia decorria e, principalmente, a forma como os alunos participavam nela. Ainda mais surpreendido ficava quando falava com o José Pacheco e este me dizia que a escola passava por tempos de crise e que a Assembleia também sofria dessa mesma crise. Imaginava eu como seria no chamado "tempo do projeto"!

Acompanhei todo o processo de aprendizagem dos alunos que constituíam a Mesa da Assembleia. Neste ano, de forma mais direta, uma vez que se trata da "responsabilidade" a que estou diretamente ligado com outra colega. É incrível assistir ao crescimento destes miúdos com o decorrer do ano. Foi um desafio muito grande. Alunos e professores estavam com vontade de aprender. Como referi anteriormente, trata-se de um processo de aprendizagem para todos (Mesa, professores, auxiliares, pais e Assembleia propriamente dita). Começamos o ano com imensas dificuldades: dificuldade em gerir os tempos, muita inexperiência dos alunos em situações de exposição pública, poucas intervenções da Assembleia (o que obrigava a Mesa a intervir), alunos muito novinhos, vários tempos "mortos" entre intervenções (o que cria alguma instabilidade nas reuniões) e os alunos membros da Mesa da Assembleia referiam que não recebiam a ajuda necessária por parte dos colegas.

Evidentemente, todas essas dificuldades foram sendo trabalhadas com o avançar do ano e fora do espaço da Assembleia. Os alunos aprendiam muito com os erros que iam cometendo e, graças ao desenvolvimento do sentido crítico, a uma aprendizagem cooperativa e à aprendizagem por tentativa e erro, a evolução aconteceu a olhos vistos. No que concerne ao modo como os alunos se comportam e intervêm na Assembleia, é evidente que isso não acontece por acaso.

Para começar, existe toda uma base de trabalho, que vem dos anos anteriores, atitudes que ajudam a integrar os novos. Os alunos percebem que a Assembleia é um espaço de trabalho e que, para decorrer com normalidade, exige muita concentração e participação de todos os intervenientes (sem exceção). Por outro lado, a Assembleia é vista por toda a escola como um momento muito importante do trabalho semanal. Talvez o mais importante, uma vez que é aqui que se decide muito do presente e do futuro da escola. Além disso, nesse espaço, os alunos podem resolver e partilhar dificuldades e alegrias da vida escolar. O fato de se discutirem assuntos que dizem muito aos alunos — e por vezes até algo delicado para professores, pais e auxiliares — faz com que estes entendam a Assembleia como muito significativa.

A lista dos Direitos e Deveres está relacionada com a própria Assembleia (tudo na Ponte está ligado e relacionado...), uma vez que determina todo o dia a dia da escola. São os alunos que criam as regras que têm de cumprir — regras significativas e não impostas —, o que facilita o trabalho de todos os intervenientes na aprendizagem. Quando um aluno não respeita um dever, o orientador o relembra que não está a cumprir as regras por si criadas, por si sugeridas e por si votadas. Trata-se de uma relação cooperativa, ou seja, a consciência do eu individual e do eu com os outros é produto e condição da cooperação, pois só a cooperação conduz à autonomia e, por inerência, ao exercício da cidadania.

O "modelo" de criação de direitos e deveres surge um pouco do que está estabelecido de um ano para outro. Os alunos já têm o referencial do ano anterior e partem daí para novas sugestões, alterações, eliminações ou manutenção de algum direito ou dever. Apesar de o processo de criação da lista de direitos e deveres ser da responsabilidade de todos, cabe à Mesa da Assembleia (previamente constituída) assegurar a dinâmica desse processo. Todos os alunos da escola poderão dar as suas sugestões para alteração de direitos e deveres que, posteriormente, serão votados, num bom exemplo de cidadania.

As "responsabilidades" (Assembleia, terrário e jardim, correio da Ponte, recreio bom, biblioteca, Comissão de Ajuda, mapa de presenças, datas e aniversários, refeitório etc.) são a garantia do bom funcionamento da escola. Apesar de os alunos estarem mais ligados a uma determinada responsabilidade, tal não significa que apenas deverão zelar pelo bom funcionamento da sua responsabilidade, não se preocupando com os problemas das restantes. Os problemas da escola dizem respeito a todos. O fato de estarem divididos por responsabilidades apenas acontece por uma questão de organização. Os alunos escolhem a sua responsabilidade no início do ano, de acordo com os seus gostos pessoais (tal como os professores).

No que diz respeito ao problema da indisciplina, como é óbvio, não possuo receitas mágicas. Apenas poderei falar de procedimentos que são implementados na escola, que defendo como os mais corretos, mas que... nem sempre resultam. Mais importante do que procedimentos a aplicar, é a uniformidade deles. Os professores têm de compreender os problemas — muitos específicos — que assolam a sua escola ou determinado aluno referenciado como "complicado". Depois de os entenderem e os perceberem, têm de agir com assertividade e coerência, não alinhando em práticas de ocasião. Quando um aluno sente que um professor age de forma passiva perante um comportamento agressivo e que outro professor age de forma mais ativa e não aceita que ocorram comportamentos diferentes dentro da mesma escola, corremos o risco de se registrarem problemas de indisciplina.

É bom não esquecer que os alunos são muito inteligentes e estudam-nos ao pormenor! É evidente que os professores possuem personalidades diferentes e que esta tarefa se torna muito complicada quando o professor está sozinho dentro da sala de aula. Se dentro de um espaço estiverem vários professores com modos de ser diferentes, mas com um referencial comum, a tarefa fica mais fácil.

A Escola da Ponte recebeu nos últimos anos (chamados anos da crise…) imensos alunos rejeitados/expulsos por outras comunidades educativas. Como é óbvio, a tarefa torna-se demasiado complicada à partida, quando um aluno sente que foi rejeitado por outra escola! Como foi possível tal acontecer? Não terão essas escolas de tentar resolver os problemas, por mais difíceis que sejam em vez de mudá-los

ESCOLA DA PONTE

para outro lugar? Não daremos um mau exemplo ao chamado aluno "complicado", quando o expulsamos?

Ao contrário do que é habitual, e apesar do eventual insucesso curricular que estes alunos possam apresentar, verificamos que, quando aqui são acolhidos, raramente faltam à escola e acabam por criar laços afetivos muito fortes. Não pensemos que é tudo muito bonito e que os problemas raramente surgem. Muito pelo contrário! É preciso muito empenho e dedicação, obriga a enfrentar imensos conflitos, em vez de fazermos de conta que está tudo bem.

Entendo ser importante compensar esses alunos com o afeto que, porventura, não terão fora da escola, criando uma forte ligação de amizade com eles. Por outro lado, também entendo que esses alunos não poderão viver debaixo de um regime de exceção, no que diz respeito ao cumprimento dos deveres.

Quanto à bibliografia, aqui vão algumas sugestões. Apontamos para autores e não para obras, porque na sua maioria esses autores estão editados em inglês e são muito referenciados nestas problemáticas (relação, comportamentos desviantes, desenvolvimento da identidade, tomada de perspectiva pessoal e social): R. Muchielli, L. Kohlberg, J. Piaget, R. L. Selman, L. H. Shultz, M. A. Sprinthall, E. Erickson, M. Postic.

Terceiro depoimento

> "A ordem e a disciplina são necessárias."
>
> (Freinet, *Invariante*, n. 22)

O aluno precisa de autoridade para se orientar no processo de formação da personalidade. Na Ponte, o orientador educativo exerce uma autoridade complementada com os Direitos e Deveres dos alunos. Essa autoridade exercida não pode ser confundida com o autoritarismo, que é a negação da autoridade, por ser domesticação do outro. A disciplina é a liberdade exercida que conduz à ordem.

Os Direitos e Deveres são propostos, discutidos e aprovados pelos alunos. Por intermédio desta espécie de "Magna Carta", os alunos libertam-se da tutela do professor, responsabilizam-se pelas suas atitudes.

O projeto "Fazer a Ponte" pretende formar cidadãos democráticos, participativos, solidários e tolerantes. A Assembleia e a Comissão de Ajuda são dispositivos pedagógicos por excelência, para o exercício da cidadania.

Ser livre é ser responsável e essa responsabilidade está presente em pequenos gestos do cotidiano: no pedir a palavra; quando se arruma a cadeira sem fazer barulho; quando se ajuda um colega do grupo; quando se apanha lixo do chão... A solidariedade acaba por ser um caminho indispensável para exercer a cidadania e a responsabilidade. Ser cidadão é respeitar os outros.

Os alunos vindos de outras escolas precisam de um tempo de adaptação, principalmente aqueles que têm um comportamento perturbador. Os professores exercem uma autoridade construtiva, para que eles conheçam e reconheçam os Direitos e Deveres elaborados. Esses alunos trazem para a escola valores e atitudes que foram apreendendo até aquele momento. É fundamental, desde o início, tratar a criança como pessoa, contribuindo para a formação de uma autoestima forte. O orientador educativo deve gerir as relações, fazer-se respeitar, começando por respeitar os alunos e conferir-lhes responsabilidades.

Os professores não podem atribuir as causas da indisciplina exclusivamente aos alunos, têm de compreender que a responsabilidade é, também, deles próprios. É evidente que não existe uma fórmula mágica para resolver os problemas de comportamento. Na Ponte, os alunos necessitam interiorizar regras e adquirir atitudes, que façam deles pessoas autônomas e solidárias. Isso só é possível se os orientadores educativos também interiorizarem regras e adquirirem atitudes que reflitam autonomia e solidariedade.

Autores das respostas

Adelina Monteiro
Amélia Ferreira
Ana Moreira
Belanita Abreu
Catarina Silva
Cláudia Santa Rosa
Constança Azevedo
Cristiana Almeida
Diana Gonçalves
Eugénia Tavares
Filipe Correia
Francisca Monteiro
Geraldo Castro
José Pacheco

Mafalda Nogueira
Manuel Carlos
Marco Gonçalves
Paula Fonseca
Paulo Freitas
Paulo Machado
Paulo Topa
Pedro Arsénio
Ricardo França
Rosa Ferreira
Thais Costa
Tiago Oliveira
Wilson Azevedo

ANEXOS

Retirado do documento de reflexão interna que foi produzido quando a escola passou a ter o 2º Ciclo do Ensino Básico (2001)

Inventário de dispositivos

Luísa Cortesão (1996) citada em Araújo (1999, p. 71) define "dispositivos pedagógicos" como "estratégias e materiais a que se pode recorrer na prática educativa, concebidos criticamente e elaborados como propostas educativas adequadas às características socioculturais identificadas pelos professores como estando presentes no grupo de alunos com que trabalham [...] por serem extremamente úteis na conquista de aprendizagens curriculares [...] procuram também valorizar aos próprios olhos a sua imagem e a do grupo a que pertencem".

Na Escola da Ponte, o conceito de dispositivo pedagógico ultrapassa o nível das estratégias e materiais, agrega suportes de uma cultura organizacional enquadrada num projeto educativo específico, não se limitando ao domínio do desenvolvimento curricular.

Uma das dificuldades colocadas a este trabalho de autoavaliação consistiu no fato de não serem conhecidos processos de avaliação de projetos com as mesmas características ou com componentes afins do projeto da Escola da Ponte. Os estudos que poderiam constituir-se em referências têm por objeto práticas educativas no contexto de sala de aula nas quais predomina uma organização do trabalho escolar quase exclusivamente assente numa perspectiva de ensino. Ainda que os estudos não o explicitem, os espaços educativos onde decorrem essas investigações caracterizam-se por essa lógica e pela manutenção de uma organização "tradicional". Isto é, assentam numa racionalidade de organização do trabalho escolar e numa gestão do currículo que mantêm inquestionada a divisão tradicional dos tempos e espaços letivos, a tradicional subdivisão dos alunos em ciclos, anos de escolaridade, turmas...

Neste quadro, a definição de dispositivo pedagógico fica condicionada aos limites que as práticas investigadas estabelecem e que pouco ou nada têm de comum com as práticas desenvolvidas nesta escola.

Assim, no quadro do presente estudo, o dispositivo pedagógico será entendido como suporte de uma cultura organizacional específica, sendo considerado nessa qualidade toda e qualquer manifestação (identificada como rotina, estratégia, material, recurso...) que contribua para a produção, reprodução e transformação da cultura predominante numa determinada comunidade educativa.

Mapa de Dispositivos

O dispositivo pedagógico é entendido como suporte de uma cultura organizacional específica, sendo considerado nessa qualidade toda e qualquer manifestação (identificada como rotina, estratégia, material, recurso...) que contribua para a produção, reprodução e transformação da cultura numa determinada comunidade educativa.

Acho Bem/Acho Mal

O Acho Bem/Acho Mal é um dispositivo através do qual os alunos podem expressar a sua opinião sobre o que está bem e mal dentro da Escola. A Comissão de Ajuda analisa-o e leva à consideração da Assembleia o que considera pertinente.

Assembleia

É um momento de trabalho coletivo, que envolve todos os alunos da escola. Acontece todas as sextas-feiras e obedece a uma convocatória, que estabelece todos os assuntos a tratar. No final de cada reunião é feita uma ata. Todos estes procedimentos são organizados e realizados pela mesa da assembleia.

Associação de Pais

A Associação é um interlocutor privilegiado da vontade de todos os pais. O seu presidente tem, por inerência, assento no Conselho de Direção e participa nas reuniões de Conselho de Projeto.

Aula direta/Preciso de ajuda/Posso ajudar em...

Este dispositivo funciona sempre que há pedidos de ajuda de grupos de alunos e em diferentes áreas. Para participarem nestas aulas, os alunos interessados inscrevem-se no dispositivo que se designa por "preciso de ajuda". Quando determinado aluno sente que tem um conhecimento aprofundado de determinado assunto e que pode ajudar colegas com uma dúvida sobre esse assunto, inscreve-se no "Posso ajudar em...".

Bibliografias individuais e coletivas

No decorrer das pesquisas que efetuam, os alunos elaboram bibliografias para consolidarem o seu trabalho e para partilharem com os colegas.

Biblioteca

Muitas das pesquisas são desenvolvidas com recurso à biblioteca. Não há manuais iguais para todos os alunos. Na biblioteca, há livros ajustados a todos os níveis de aprendizagem.

Caderno de recados

É uma forma de comunicação privilegiada entre os orientadores educativos em geral e o tutor em especial e a família.

Caixinha dos segredos

Quando um aluno pretende: conversar ou comunicar "em segredo" com algum elemento da comunidade educativa põe um recado na caixinha. Este dispositivo ajuda a manter e aprofundar "cumplicidades" e a reequilibrar afetivamente algumas crianças.

É a Comissão de Ajuda que encaminha as mensagens para o seu destinatário.

Clube dos Leitores

Sempre que um aluno pretende levar um livro para ler em casa, registra essa intenção do mural do Clube dos Leitores assinalando o seu nome, da obra, a data de requisição e de entrega.

Comissão de ajuda

A Comissão de Ajuda é um mecanismo de autorregulação e de autorresponsabilização coletiva. Neste momento, é constituída por seis alunos. Três são escolhidos pelos elementos da Mesa da Assembleia e três pelo Conselho de Projeto. Por outro lado, dois alunos pertencem ao Núcleo da Iniciação, dois ao Núcleo da Consolidação e dois ao Núcleo do Aprofundamento.

A Comissão de Ajuda faz parte integrante da responsabilidade da Mesa da Assembleia.

Debate

O Debate é um espaço de discussão de opiniões e constitui-se, também, como um mecanismo preparatório da Assembleia.

Direitos e deveres

A listagem dos Direitos e Deveres é aprovada em Assembleia, no início de cada ano letivo. Constitui-se como um código de conduta para todos os elementos da comunidade educativa.

Eu já sei

Este dispositivo desenvolve a responsabilidade na aprendizagem. É através dele que cada aluno se propõe ser avaliado. Este é um momento que requer uma atitude de responsabilidade perante si e perante os outros. Posteriormente, um orientador educativo efetua uma avaliação junto do aluno, registrando-a no processo individual do aluno.

Preciso de ajuda

Quando um aluno sente dificuldade em ultrapassar um qualquer estudo e já esgotou todas as possibilidades de ajuda (pares, grupos) recorre ao "preciso de ajuda", onde se irá inscrever para uma aula direta, preparada por um professor, sobre o que esteve a estudar.

Grupo heterogêneo

O trabalho em grupos heterogêneos apresenta-se como uma forma de contrariar a tendência para a uniformização dos alunos e de criar condições para a cooperação. Cada aluno define o seu percurso de aprendizagem de forma autônoma e responsável, sem prescindir da organização em grupos de trabalho cooperativo.

História da quinzena

Obra literária integral que serve de base ao trabalho da valência de Língua Portuguesa.

Folhas de rascunho

Forma de aproveitamento de folhas já utilizadas e instrumento de trabalho, visando, também, a educação ambiental de todos elementos da comunidade escolar.

Jardim da Poesia

Espaço privilegiado de criatividade. É uma recolha de poemas que cada um pretende partilhar.

Jornal

O jornal é, sempre que possível, mensal. Dá notícia de tudo o que se passa na escola e na comunidade envolvente.

Lista das competências/conteúdos

Este dispositivo consiste numa lista completa das competências/conteúdos que integram o "Currículo Nacional do Ensino Básico-Competências Essenciais". Encontra-se afixada em cada um dos diferentes espaços. Os diferentes itens foram descodificados, para que todos os alunos os percebessem.

Mapa de presenças

Diariamente, os alunos registram a sua presença/ausência. Assim, utilizam três cores: verde (se são pontuais), amarelo (se chegam atrasados), vermelho (sempre que faltam).

Moodle

Plataforma de apoio à gestão de atividades educativas baseadas na Internet. É um projeto de desenvolvimento contínuo.

Murais

Toda a informação que se pretende partilhada com todos os elementos da Comunidade Educativa é colocada nos diferentes Murais.

Música nos espaços

Nos diferentes espaços de trabalho existe música de fundo que visa facilitar a concentração de todos e a monitorização do ruído.

Pedaço de mim

Sempre que alguém pretende partilhar algo de muito importante para ele, partilha-o através do Pedaço de Mim. Esta partilha pode ocorrer através de um mural, da Assembleia de Escola etc...

Pedir a palavra

Sempre que uma pessoa, dentro do espaço de trabalho, pretende falar com o grande grupo ou intervir num debate, levanta o seu dedo pedindo, assim, a palavra para intervir.

Perdidos e Achados

Sempre que um aluno encontra algo que não lhe pertence, coloca-o num local específico onde quem, eventualmente o perdeu, o pode encontrar.

Pesquiso em casa

Sempre que um aluno pretende levar um documento para estudar, utiliza este dispositivo para indicar o seu nome, o do documento, a data de requisição e de entrega.

Plano da quinzena/Plano do dia

Os alunos escolhem as atividades a realizar durante uma quinzena, com orientação do professor-tutor, ou em cada dia. No final de cada quinzena ou dia, os alunos avaliam o seu plano, individualmente, ou em grupo.

Problema da quinzena

Proposta de resolução de um problema Matemático, elaborada pela Dimensão Lógico-Matemática, de forma quinzenal e específica de cada núcleo de trabalho.

Projeto Educativo

O Projeto Educativo é o orientador de todo o trabalho realizado pela Escola, na Escola e com a Escola.

Projetos

Os projetos são uma forma dos alunos darem resposta aos seus problemas/dúvidas.

Planificação do projeto

Cada projeto realizado pelos alunos é planificado tendo em conta, entre outros fatores, o que os alunos pretendem fazer, o que já conhecem, o que precisam/querem conhecer, os recursos que possuem e que pretendem possuir, quem os pode ajudar e a forma de avaliação do mesmo.

Registros de avaliação (Processos e percursos individuais)

Todas as avaliações realizadas pelos orientadores educativos são registradas no processo individual do aluno. Resultando numa síntese elaborada pelo professor-tutor, com base nas contribuições de cada orientador educativo.

Responsabilidades

De forma a resolver os problemas do dia a dia na escola, são criados grupos de alunos que, de forma a melhorar o funcionamento da escola, desempenharão determinadas tarefas.

Reuniões de pais

Espaço privilegiado de comunicação entre os pais e a Escola. As reuniões realizam-se com uma periodicidade mensal, sensivelmente.

Texto da quinzena

Proposta de elaboração de um texto subordinado a um tema específico, elaborada pela Dimensão Linguística e, normalmente, relacionada com algo comum a toda a Escola.

Texto livre

Os alunos escrevem textos sem que os orientadores educativos fixem as normas do mesmo (tema, número de linhas etc.).

Trabalho de pesquisa

As atividades processam-se, quase sempre, em processos de pesquisa orientada. Quando algum aluno não consegue concretizar os seus objetivos, recorre ao grupo e a um orientador educativo.

Tutoria

No início de cada ano letivo, os alunos escolhem o seu tutor. Contudo, os pais sempre que o pretendem expressam a sua opinião relativamente à escolha efetuada. O tutor é o interlocutor privilegiado entre a Escola e a família nos aspectos relacionados especificamente com cada tutorado.

Visitas de Estudo

Forma dos alunos interagirem diretamente com o Mundo Ambiente, vivenciando experiências e recolhendo dados impossíveis de obter dentro da Escola. Ocorrem quando o trabalho realizado assim o exige.

Trabalho cooperativo

A recusa do trabalho em monodocência abriu caminho à partilha de experiências. Os professores passaram a partilhar o que sabem e aquilo que são. Pelo fortalecimento do convívio profissional, aprendem uns com os outros a reformular práticas e identidades. A experiência é formativa na medida em que é reconstituída em comum. Os professores veem-se como parte de um projeto coletivo e sabem que precisam da colaboração e dos saberes uns dos outros.

Caixa dos segredos

Quando um aluno pretende conversar "em segredo" com algum professor, coloca um recado na caixinha. Este dispositivo ajuda a manter e aprofundar "cumplicidades" e a reequilibrar afetivamente algumas crianças.

Equipa de projeto

Todos os professores trabalham com todos os alunos. Por esta razão, os alunos não estão divididos por turmas, nem por anos: cada aluno é um ser único e irrepetível. Nos diversos espaços de aprendizagem, nunca está um professor isolado.

Os pais dos alunos podem contatar um qualquer professor em qualquer hora do dia.

Murais

São todos os locais passíveis de colocação de trabalhos dos alunos, informações de interesse, cartazes...

Caracterização dos dispositivos

Função	Dispositivo
Suportes de organização do trabalho escolar	Escola de *área aberta*
	Assembleia de escola: Mesa da Assembleia, Comissão de Ajuda, Plenário, Conselho, *"ecoescolas"*, *"Clube dos Limpinhos"*
	Trabalho cooperativo em grupo heterogêneo de alunos
	Trabalho cooperativo em equipa de professores
	Projeto Educativo
	Agrupamento de Escolas
Relação escola--comunidade	Associação de pais
	Contactos com pais: Reuniões de sábado Caderno de recados Atendimento diário e tutoria
	Parcerias
Gestão integrada e flexível do currículo (rotinas)	Debate: Ler para os outros Novidades e jornal diário Discussão de um assunto
	Aula direta: Solicitada pelos alunos Estabelecida pelos professores
	Tarefas e responsabilidades: Individuais De grupo
	Regras elementares: Pedido de palavra Trabalho *"com categoria"*
	Visita de estudo
	Gestão dos cacifos

Função	Dispositivo
Gestão integrada e flexível do currículo (instrumentos)	Núcleo documental: Biblioteca de pesquisa (manuais, livros temáticos, enciclopédias etc.) Rede de computadores
	Registros de autoplanificação dos alunos: Plano quinzenal Plano diário
	Planos dos professores
	Registros de autoavaliação *"Eu já sei"*
	Ficha de avaliação formativa
	Ficha de informação
	Capa de arquivo dos trabalhos
	Pedido de ajuda *"Preciso de ajuda"*
	Jornal escolar: Jornal de parede Jornal em papel Jornal em suporte informático
	Registro de disponibilidade
	"Acho bem, Acho mal"
	Bibliografias
	Listagem de direitos e deveres
	Caixa dos Segredos
	Documentos da Assembleia: Convocatórias Atas Outros (relatório, manifesto etc.)
	Equipamento audiovisual

Função	Dispositivo
Gestão integrada e flexível do currículo (instrumentos)	Grelha de objetivos (currículo nacional)
	Registro de presenças
	Cartaz dos aniversários
	Mapa de responsabilidades
	Cartaz da correspondência: Cartas Correio eletrônico
	Núcleo de experiências: Terrário Viveiro do bicho-da-seda
	Mural de avisos e recomendações
	Mural do *"jogo das perguntas"*
	Cartazes de preparar projetos
	Registro de pesquisa
	"Livro da vida"
	Música ambiente
	"Perdidos e achados"
	"Folhas de rascunho"
	"Textos inventados"
Atividades de complemento curricular	Clube dos leitores
	Oficina dos computadores
	Jogos educativos

Perfil do Orientador Educativo

1. Relativamente à escola e ao projeto

a) Cumpre com pontualidade as suas tarefas, não fazendo esperar os outros.

b) É assíduo e, se obrigado a faltar, procura alertar previamente a Escola para a sua ausência.

c) Revela motivação e disponibilidade para trabalhar na Escola.

d) Contribui, ativa e construtivamente, para a resolução de conflitos.

e) Contribui ativa e construtivamente para a tomada de decisões.

f) Toma iniciativas adequadas às situações.

g) Alia, no desempenho das suas tarefas, a criatividade à complexidade, originalidade e coerência.

h) Apresenta propostas, busca consensos, critica construtivamente.

i) Produz ou propõe inovações.

j) Procura harmonizar os interesses da Escola e do Projeto com os seus interesses individuais.

k) Age de uma forma autônoma, responsável e solidária.

l) Procura fundar no Projeto os juízos e opiniões que emite.

m) Domina os princípios e utiliza corretamente a metodologia de Trabalho de Projeto.

n) Assume as suas falhas, evitando imputar aos outros ou ao coletivo as suas próprias incapacidades.

o) Procura dar o exemplo de uma correta e ponderada utilização dos recursos disponíveis.

2. Relativamente aos colegas

a) Está atento às necessidades dos colegas e presta-lhes ajuda, quando oportuno.

b) Pede ajuda aos colegas quando tem dúvidas sobre como agir.

c) Permite que os colegas o(a) ajudem quando precisa.

d) Mantém com os colegas uma relação atenciosa, crítica e fraterna.

e) Reconhece e aceita criticamente diferentes pontos de vista, procurando ter sempre o Projeto como referência inspiradora.

f) Procura articular a sua ação com os demais colegas.

g) Apoia ativamente os colegas na resolução de conflitos.

3. Relativamente aos alunos

a) Mantém com os alunos uma relação carinhosa.

b) Procura ajudar os alunos a conhecer e a cumprir as regras da Escola.

c) Procura ser firme com os alunos, sem cair no autoritarismo.

d) Procura tomar atitudes em sintonia com o coletivo.

e) Procura acompanhar de muito perto e orientar o percurso educativo dos seus tutorados.

Projeto Educativo "Fazer a Ponte"

Princípios Fundadores

I — Sobre os valores matriciais do projeto

1. Uma equipe coesa e solidária e uma intencionalidade educativa claramente reconhecida e assumida por todos (alunos, pais, profissionais de educação e demais agentes educativos) são os principais ingredientes de um projeto capaz de sustentar uma ação educativa coerente e eficaz.

2. A intencionalidade educativa que serve de referencial ao projeto Fazer a Ponte orienta-se no sentido da formação de pessoas e cidadãos cada vez mais cultos, autônomos, responsáveis e solidários e democraticamente comprometidos na construção de um destino coletivo e de um projeto de sociedade que potenciem a afirmação das mais nobres e elevadas qualidades de cada ser humano.

3. A Escola não é uma mera soma de parceiros hieraticamente justapostos, recursos quase sempre precários e atividades ritualizadas — é uma formação social em interação com o meio envolvente e outras formações sociais e em que permanentemente convergem processos de mudança desejada e refletida.

4. A intencionalidade educativa do Projeto impregna coerentemente as práticas organizacionais e relacionais da Escola, que refletirão também os valores matriciais que inspiram e orientam o Projeto, a saber, os valores da autonomia, solidariedade, responsabilidade e democraticidade.

5. A Escola reconhece aos pais o direito indeclinável de escolha do projeto educativo que considerem mais apropriado à formação dos seus filhos e, simultaneamente, arroga-se o direito de propor à sociedade e aos pais interessados o projeto educativo que julgue mais adequado à formação integral dos seus alunos.

6. O Projeto Educativo, enquanto referencial de pensamento e ação de uma comunidade que se revê em determinados princípios e objetivos educacionais, baliza e orienta a intervenção de todos os agentes e parceiros na vida da Escola e ilumina o posicionamento desta face à administração educativa.

II — Sobre alunos e currículo

7. Como cada ser humano é único e irrepetível, a experiência de escolarização e o trajeto de desenvolvimento de cada aluno são também únicos e irrepetíveis.

8. O aluno, como ser em permanente desenvolvimento, deve ver valorizada a construção da sua identidade pessoal, assente nos valores de iniciativa, criatividade e responsabilidade.

9. As necessidades individuais e específicas de cada educando deverão ser atendidas singularmente, já que as características singulares de cada aluno implicam formas próprias de apreensão da realidade. Neste sentido, todo o aluno tem necessidades educativas especiais, manifestando-se em formas de aprendizagem sociais e cognitivas diversas.

10. Prestar atenção ao aluno tal qual ele é; reconhecê-lo no que o torna único e irrepetível, recebendo-o na sua complexidade; tentar descobrir e valorizar a cultura de que é portador; ajudá-lo a descobrir-se e a ser ele próprio em equilibrada interação com os outros — são atitudes fundadoras do ato educativo e as únicas verdadeiramente indutoras da necessidade e do desejo de aprendizagem.

11. Na sua dupla dimensão individual e social, o percurso educativo de cada aluno supõe um conhecimento cada vez mais aprofundado de si próprio e o relacionamento solidário com os outros.

12. A singularidade do percurso educativo de cada aluno supõe a apropriação individual (subjetiva) do currículo, tutelada e avaliada pelos orientadores educativos.

13. Considera-se como currículo o conjunto de atitudes e competências que, ao longo do seu percurso escolar, e de acordo com as suas potencialidades, os alunos deverão adquirir e desenvolver.

14. O conceito de currículo é entendido numa dupla dimensão, conforme a sua exterioridade ou interioridade relativamente a cada aluno: o currículo exterior ou objetivo é um perfil, um horizonte de realização, uma meta; o currículo interior ou subjetivo é um percurso (único) de desenvolvimento pessoal, um caminho, um trajeto. Só o currículo subjetivo (o conjunto de aquisições de cada aluno) está em condições de validar a pertinência do currículo objetivo.

15. Fundado no currículo nacional, o currículo objetivo é o referencial de aprendizagens e realização pessoal que decorre do Projeto Educativo da Escola.

ESCOLA DA PONTE

16. Na sua projeção eminentemente disciplinar, o currículo objetivo organiza-se em cinco dimensões fundamentais: linguística, lógico-matemática, naturalista, identitária e artística.

17. Não pode igualmente ser descurado o desenvolvimento afetivo e emocional dos alunos, ou ignorada a necessidade da educação de atitudes com referência ao quadro de valores subjacente ao Projeto Educativo.

III — Sobre a relevância do conhecimento e das aprendizagens

18. Todo o conhecimento verdadeiramente significativo é autoconhecimento, pelo que se impõe que seja construído pela própria pessoa a partir da experiência. A aprendizagem é um processo social em que os alunos, heuristicamente, constroem significados a partir da experiência.

19. Valorizar-se-ão as aprendizagens significativas numa perspectiva interdisciplinar e holística do conhecimento, estimulando-se permanentemente a percepção, a caracterização e a solução de problemas, de modo a que o aluno trabalhe conceitos de uma forma consistente e continuada, reelaborando-os em estruturas cognitivas cada vez mais complexas.

20. É indispensável a concretização de um ensino individualizado e diferenciado, referido a uma mesma plataforma curricular para todos os alunos, mas desenvolvida de modo diferente por cada um, pois todos os alunos são diferentes. Os conteúdos a apreender deverão estar muito próximos da estrutura cognitiva dos alunos, bem assim como dos seus interesses e expectativas de conhecimento.

21. A essencialidade de qualquer saber ou objetivo concreto de aprendizagem deverá ser aferida pela sua relevância para apoiar a aquisição e o desenvolvimento das competências e atitudes verdadeiramente estruturantes da formação do indivíduo; a tradução mecânica e compartimentada dos programas das áreas ou disciplinas curriculares em listas inarticuladas de conteúdos ou objetivos avulsos de aprendizagem não conduz à valorização dessa essencialidade.

22. O envolvimento dos alunos em diferentes contextos socioeducativos e a complementaridade entre situações formais e informais favorecem a identificação de realidades que frequentemente escapam às práticas tradicionais de escolarização e ensino.

23. A avaliação, como processo regulador das aprendizagens, orienta construtivamente o percurso escolar de cada aluno, permitindo-lhe em cada momento tomar consciência, pela positiva, do que já sabe e do que já é capaz.

24. Acompanhar o percurso do aluno na construção do seu projeto de vida, tendo consciência da singularidade que lhe é inerente, impõe uma gestão individualizada do seu percurso de aprendizagem. A diversidade de percursos possíveis deverá, no entanto, acautelar o desenvolvimento sustentado do raciocínio lógico matemático e das competências de leitura, interpretação, expressão e comunicação, nas suas diversas vertentes, assim como a progressiva consolidação de todas as atitudes que consubstanciam o perfil do indivíduo desenhado e ambicionado neste projeto educativo.

IV — Sobre os Orientadores Educativos

25. Urge clarificar o papel do profissional de educação na Escola, quer enquanto orientador educativo, quer enquanto promotor e recurso de aprendizagem; na base desta clarificação, supõe-se a necessidade de abandonar criticamente conceitos que o pensamento pedagógico e a práxis da Escola tornaram obsoletos, de que é exemplo o conceito de docência, e designações (como a de educador de infância ou professor) que expressam mal a natureza e a complexidade das funções reconhecidas aos orientadores educativos.

26. Para que seja assegurada a perenidade do projeto e o seu aprofundamento e aperfeiçoamento, é indispensável que, a par da identificação de dificuldades de aprendizagem nos alunos, todos os orientadores educativos reconheçam e procurem ultrapassar as suas dificuldades de ensino ou relação pedagógica.

27. O orientador educativo não pode ser mais entendido como um prático da docência, ou seja, um profissional enredado numa lógica instrutiva centrada em práticas tradicionais de ensino, que dirige o acesso dos alunos a um conhecimento codificado e predeterminado.

28. O orientador educativo é, essencialmente, um promotor de educação, na medida em que é chamado a participar na concretização do Projeto Educativo da Escola, a co-orientar o percurso educativo de cada aluno e a apoiar os seus processos de aprendizagem.

ESCOLA DA PONTE

29. A formação inicial e não inicial dos orientadores educativos devem acontecer em contexto de trabalho, articulando-se a Escola, para esse efeito, com outras instituições.

30. Os orientadores educativos que integram a equipe de projeto são solidariamente responsáveis por todas as decisões tomadas e devem adaptar-se às características do projeto, sendo avaliados anualmente em função do perfil anexo.

31. A vinculação dos orientadores educativos ao Projeto, que se pretende estável e contratualizada, deverá sempre ser precedida de um período probatório.

V — Sobre a organização do trabalho

32. A organização do trabalho na escola gravitará em torno do aluno, devendo estar sempre presente no desenvolvimento das atividades a ideia de que se impõe ajudar cada educando a alicerçar o seu próprio projeto de vida. Só assim a escola poderá contribuir para que cada aluno aprenda a estar, a ser, a conhecer e a agir.

33. A dimensão do estar será sempre garantida pela integração do indivíduo na comunidade educativa onde conhece e é conhecido por todos os pares, orientadores e demais agentes educativos. Os alunos e os professores deverão contratualizar as estratégias necessárias ao desenvolvimento do trabalho em planos de periodicidade conveniente, assim como ser corresponsáveis pela avaliação do trabalho realizado.

34. A especificidade e diversidade dos percursos de aprendizagem dos alunos exigem a mobilização e consequente disponibilização de materiais de trabalho e orientadores educativos capazes de lhes oferecer respostas adequadas e efetivamente especializadas. Assim, não tendo sentido unificar o que à partida é diverso, impõe-se questionar a opção por um único manual, igual para todos, as respostas padronizadas e generalistas pouco fundamentadas e também a criação de guetos, nos quais se encurralam aqueles que, por juízo de alguém, são diferentes.

35. A dificuldade de gestão de variados percursos individualizados de aprendizagem implica uma reflexão crítica sobre o currículo a objetivar, que conduza à explicitação dos saberes e das atitudes estruturantes essenciais

ao desenvolvimento de competências. Este currículo objetivo, cruzado com metodologias próximas do paradigma construtivista, induzirá o desenvolvimento de muitas outras competências, atitudes e objetivos que tenderão, necessariamente, a qualificar o percurso educativo dos alunos.

36. As propostas de trabalho a apresentar aos alunos tenderão a usar a metodologia de trabalho de projeto. Neste sentido, a definição do currículo objetivo reveste-se de um caráter dinâmico e carece de um permanente trabalho reflexivo por parte da equipe de orientadores educativos, de modo a que seja possível, em tempo útil, preparar recursos e materiais facilitadores da aquisição de saberes e o desenvolvimento das competências essenciais.

37. O percurso de aprendizagem do aluno, a avaliação do seu trabalho, assim como os documentos mais relevantes por ele realizados, constarão do processo individual do aluno. Este documento tentará evidenciar a evolução do aluno nas diversas dimensões do seu percurso escolar.

38. O trabalho do aluno é supervisionado permanentemente por um orientador educativo, ao qual é atribuído a função de tutor do aluno. O tutor assume um papel mediador entre o encarregado de educação e a escola. O encarregado de educação poderá em qualquer momento agendar um encontro com o professor-tutor do seu educando.

VI — Sobre a organização da escola

39. A Escola organiza-se nos termos do seu Regulamento Interno, de acordo com os seguintes pressupostos:

a) Os pais/encarregados de educação que escolhem a Escola e adotam o seu Projeto, comprometendo-se a defendê-lo e a promovê-lo, são a fonte principal de legitimação do próprio Projeto e de regulação da estrutura organizacional que dele decorre, devendo o Regulamento Interno reconhecer aos seus representantes uma participação determinante nos processos de tomada de todas as decisões com impacto estratégico no futuro do Projeto e da Escola.

b) Os órgãos da Escola serão constituídos numa lógica predominantemente pedagógica de afirmação e consolidação do Projeto e não de representação corporativa de quaisquer setores ou interesses profissionais.

ESCOLA DA PONTE

c) Na organização, administração e gestão da Escola, os critérios científicos e pedagógicos deverão prevalecer sempre sobre quaisquer critérios de natureza administrativa ou outra que claramente não se compatibilizem com o Projeto e as práticas educativas ou organizacionais que dele decorrem.

d) A vinculação à Escola dos pais/encarregados de educação e dos Educadores Educativos far-se-á na base de um claro compromisso de adesão ao Projeto e será balizado por este.

e) Os alunos, através de dispositivos de intervenção direta, serão responsavelmente implicados na gestão corrente das instalações e dos recursos materiais disponíveis e, nos termos do Regulamento Interno, tomarão decisões com impacto na organização e no desenvolvimento das atividades escolares.

40. Ainda que o alargamento do Projeto ao segundo e terceiro ciclos do ensino básico possa implicar, por razões de eficácia e operacionalidade, a sua subdivisão em núcleos dotados da necessária autonomia, que poderão inclusivamente funcionar em espaços distintos e integrados noutras escolas, a unidade e coerência do Projeto deverão ser sempre salvaguardadas, garantindo-se designadamente:

a) A existência de um Coordenador Geral de Projeto, que assegure a permanente articulação entre os núcleos.

b) A instituição de um Conselho de Projeto, que assegure a democraticidade e colegialidade das decisões da equipe de orientadores educativos da Escola.

c) A representação de todos os núcleos, através dos respectivos coordenadores, no Conselho de Gestão e no Conselho de Direção.

d) A existência de uma única Assembleia de Alunos.

Regulamento Interno

Capítulo I
Disposições Gerais

Artigo 1º
Âmbito de Aplicação

1. O presente Regulamento Interno, adiante designado apenas por Regulamento, tem aplicação na Escola Básica da Ponte.
2. Dado que o presente Regulamento explicita a estrutura organizacional que decorre do Projeto Fazer a Ponte, quaisquer dúvidas sobre o sentido das suas disposições deverão ser clarificadas à luz dos princípios, finalidades e objectivos do próprio Projeto.

Artigo 2º
Objectivos

São objectivos do presente Regulamento:
1. Explicitar a estrutura organizacional do Projeto Fazer a Ponte e contribuir para o mais correcto e solidário funcionamento da Escola;
2. Favorecer uma progressiva tomada de consciência dos direitos e deveres que assistem a cada um dos membros da comunidade escolar;
3. Facilitar uma equilibrada e compensadora integração da Escola na comunidade envolvente.

Capítulo II
Sobre as estruturas educativas

Artigo 3º
Organização pedagógica

1. O Projeto Fazer a Ponte é a matriz referencial e a fonte legitimadora de todas as opções organizacionais consagradas no presente Regulamento.
2. Sem prejuízo da coerência e estabilidade do percurso escolar dos alunos e do trabalho solidário em equipa dos Orientadores Educativos, o

ESCOLA DA PONTE

Projeto Fazer a Ponte organiza-se, por razões de operacionalidade, em diferentes estruturas educativas.

Artigo 4º
Núcleos de Projeto

1. Os Núcleos de Projeto, que poderão ou não funcionar nas mesmas instalações e utilizar ou não os mesmos recursos, em função das condições existentes e em resultado da ponderação e decisão do Conselho de Projeto, são a primeira instância de organização pedagógica do trabalho de alunos e Orientadores Educativos, correspondendo a unidades coerentes de aprendizagem e de desenvolvimento pessoal e social.

§ único — Salvo em circunstâncias excepcionais, devidamente reconhecidas e avalizadas pela equipa de Orientadores Educativos, cada Núcleo de Projeto não deverá integrar mais de cem alunos.

2. São três os Núcleos de Projeto: Iniciação, Consolidação e Aprofundamento.

3. No Núcleo de Iniciação, as crianças adquirirão as atitudes e competências básicas que lhes permitam integrar-se de uma forma equilibrada na comunidade escolar e trabalhar em autonomia, no quadro de uma gestão responsável de tempos, espaços e aprendizagens. A sua transição para o Núcleo de Consolidação ocorrerá quando possuírem o perfil definido no Anexo I do presente Regulamento.

4. No Núcleo de Consolidação, os alunos consolidarão as competências básicas adquiridas no Núcleo de Iniciação e procurarão atingir o perfil definido no Anexo II do presente Regulamento, podendo ainda ser envolvidos, com assentimento dos respectivos Encarregados de Educação, em projetos de extensão e enriquecimento curriculares, bem como de pré-profissionalização.

§ único — Salvo em circunstâncias excepcionais, devidamente reconhecidas e avalizadas pelo Conselho de Projeto, nenhuma criança poderá, no âmbito do Projeto, transitar do Núcleo de Iniciação para o Núcleo de Consolidação sem atingir o perfil definido no Anexo I.

5. No Núcleo de Aprofundamento, os alunos desenvolverão as competências definidas no Anexo III do presente Regulamento e simultaneamente desenvolverão as competências definidas para o final do Ensino Básico, podendo ainda ser envolvidos, com o assentimento dos respectivos

Encarregados de Educação, em projetos complementares de extensão e enriquecimento curriculares, bem como de pré-profissionalização.

§ único — Salvo em circunstâncias excepcionais, devidamente reconhecidas e avalizadas pelo Conselho de Projeto, nenhum aluno com menos de 13 anos de idade poderá ser envolvido em projetos de pré-profissionalização.

Artigo 5º
Articulação Curricular

1. Para além de articularem permanentemente a sua acção no âmbito dos Núcleos de Projeto que integrem, numa lógica de trabalho horizontal, os Orientadores Educativos deverão ainda, numa lógica de trabalho vertical e transversal, nas respectivas Dimensões (Anexo IV), articular construtivamente a sua acção com os colegas dos demais Núcleos, por forma a garantir a coerência e a qualidade dos percursos de aprendizagem dos alunos à luz do Projeto Educativo da Escola.

2. A articulação valorizará seis Dimensões Curriculares fundamentais, nos termos do Projeto Educativo da Escola:

   a. A Dimensão do desenvolvimento linguístico;

   b. A Dimensão do desenvolvimento lógico-matemático;

   c. A Dimensão do desenvolvimento naturalista;

   d. A Dimensão do desenvolvimento identitário;

   e. A Dimensão do desenvolvimento artístico;

   f. A Dimensão do desenvolvimento pessoal e social.

3. O projeto curricular de cada aluno compreenderá não apenas as Dimensões referidas no número anterior, mas ainda o domínio tecnológico, entendido numa perspectiva eminentemente transversal e instrumental, e o domínio afectivo e emocional.

4. A equipa de cada Núcleo de Projeto integrará Orientadores Educativos mais vocacionados, pela sua formação e experiência profissionais, para apoiar e orientar, numa perspectiva de acrescida especialização, o percurso de aprendizagem dos alunos em cada uma das Dimensões Curriculares fundamentais.

5. O Conselho de Projeto enunciará os modelos e as formas operacionais a que deverá obedecer a articulação curricular.

Artigo 6º
Coordenadores de Dimensão

Os Coordenadores de Dimensão são os principais promotores e garante da articulação do trabalho no domínio específico das Dimensões referidas no ponto 2 do artigo 5º do presente regulamento.

Artigo 7º
Designação dos Coordenadores de Dimensão

1. Os Coordenadores de Dimensão são escolhidos pelos elementos que a constituem, em eleição a realizar na primeira reunião de cada ano letivo em que estejam presentes todos os orientadores educativos.
2. Os Coordenadores de Dimensão têm de ser, obrigatoriamente, Orientadores Educativos com, pelo menos, um ano de experiência no Projeto.

Artigo 8º
Competências do Coordenador de Dimensão

1. Compete ao coordenador de Dimensão curricular:
   a. Coordenar a actividade da equipa de Orientadores Educativos da Dimensão;
   b. Promover a articulação *intra* Dimensão;
   c. Promover a articulação do trabalho desenvolvido na Dimensão com o Conselho de Gestão.

Artigo 9º
Equipa de Núcleo

1. Cada Núcleo de Projeto terá a sua equipa de Orientadores Educativos, escolhidos pelo Conselho de Gestão à luz dos princípios de articulação curricular consagrados no artigo 5º do presente Regulamento, sob proposta conjunta do Coordenador de Núcleo e do Coordenador Geral do Projeto.

§ único — Por decisão do Conselho de Gestão e no interesse do Projeto, cada Orientador Educativo poderá, em qualquer momento, com a sua concordância, ser afectado, a tempo inteiro ou parcial, a um Núcleo distinto daquele a que se encontra prioritariamente vinculado.

Artigo 10º
Integração e Transição entre Núcleos

1. Só em circunstâncias excepcionais, devidamente reconhecidas e avaliadas pelo Conselho de Projeto, uma criança com menos de sete anos de idade poderá integrar o Núcleo de Consolidação.

2. A transição dos alunos do Núcleo de Iniciação para o Núcleo de Consolidação e do Núcleo de Consolidação para o Núcleo de Aprofundamento poderá ocorrer a qualquer momento e será sempre decidida, caso a caso, pelo Núcleo que o aluno integra, sob proposta do respectivo Tutor e em sintonia com os Encarregados de Educação, a partir de uma avaliação global das competências desenvolvidas pelo aluno e de uma cuidadosa ponderação do seu estádio de desenvolvimento e dos seus interesses e expectativas.

§ único — A avaliação sumativa dos alunos integrados em qualquer Núcleo deverá sempre acautelar, nos termos da legislação aplicável, a eventualidade da sua transferência para outras escolas a meio do respectivo percurso formativo.

3. Só em circunstâncias excepcionais, devidamente reconhecidas e avaliadas pelo Conselho de Projeto, sob proposta do respectivo Tutor e em sintonia com os respectivos Encarregados de Educação, uma criança com menos de nove anos de idade poderá, no âmbito do Projeto, integrar o Núcleo de Aprofundamento, desde que preenchidos os requisitos legais enquadradores dos "casos especiais de progressão".

Artigo 11º
Tutoria

1. O acompanhamento permanente e individualizado do percurso curricular de cada aluno caberá a um Tutor escolhido pelos alunos, designado para o efeito pelo Coordenador de Núcleo de entre os Orientadores Educativos do respetivo Núcleo.

2. Incumbe ao Tutor, para além de outras tarefas que lhe venham a ser atribuídas pelo Conselho de Gestão, ouvido sempre o Conselho de Projeto:

   a. Providenciar no sentido da regular a actualização do dossier individual dos alunos tutorados, especialmente, dos respectivos registos de avaliação;

ESCOLA DA PONTE

b. Acompanhar e orientar, individualmente, o percurso educativo e os processos de aprendizagem dos alunos tutorados;

c. Manter os Encarregados de Educação permanentemente informados sobre o percurso educativo e os processos de aprendizagem dos alunos tutorados;

d. Articular com os Encarregados de Educação e com os demais Orientadores Educativos as respostas a dar pela Escola aos problemas e às necessidades específicas de aprendizagem dos alunos tutorados;

e. Comunicar com os Encarregados de Educação no sentido destes conhecerem o grau de assiduidade/pontualidade do seu educando;

f. Estabelecer nas situações de ausência justificada às atividades escolares, em articulação com os restantes Orientadores Educativos do Núcleo, medidas adequadas à recuperação das atividades não realizadas.

Artigo 12º
Assembleia de Escola

1. Enquanto dispositivo de intervenção directa, a Assembleia de Escola é a estrutura de organização educativa que proporciona e garante a participação democrática dos alunos na tomada de decisões que respeitam à organização e funcionamento da Escola.

2. Integram a Assembleia todos os alunos da Escola.

3. Os Orientadores Educativos e demais profissionais de educação da Escola, bem assim como os pais/encarregados de educação, podem participar nas sessões da Assembleia, sem direito de voto.

4. A Assembleia reúne semanalmente e é dirigida por uma Mesa, eleita, anualmente, pelos alunos.

5. A eleição da Mesa é efetuada através de voto secreto e os mandatos distribuídos através do método de Hondt.

6. No início do ano, os alunos constituir-se-ão em listas, salvaguardando a paridade de gêneros e a presença de alunos de todos os anos/vezes e os critérios definidos pela Comissão Eleitoral.

7. Incumbe, prioritariamente, à Assembleia:

a. Elaborar e aprovar o seu Regimento;

b. Pronunciar-se sobre todos os assuntos que os diferentes órgãos da Escola entendam submeter à sua consideração;

c. Refletir por sua própria iniciativa sobre os problemas da Escola e sugerir para eles as soluções mais adequadas;

d. Apresentar, apreciar e aprovar propostas que visem melhorar a organização e o funcionamento da Escola;

e. Aprovar o código de direitos e deveres dos alunos;

f. Acompanhar o trabalho dos Grupos de Responsabilidade.

8. Incumbe à Mesa da Assembleia designar metade da Comissão de Ajuda, sendo a outra metade designada pelo Conselho de Projeto.

Artigo 13º

Responsabilidades

1. Os alunos e Orientadores Educativos organizam-se, no início de cada ano letivo, em grupos de Responsabilidades.

2. Os grupos de Responsabilidade asseguram uma gestão dos espaços de trabalho e das diferentes formas de intervenção dos alunos, na vida da Escola.

3. O mapa de Responsabilidades será definido no início de cada ano letivo e incluirá a Mesa da Assembleia de Escola.

Capítulo III

Sobre os Órgãos da Escola

Artigo 14º

Órgãos

1. São órgãos de direção, gestão e administração da escola:

a. Conselho de Pais/Encarregados de Educação;

b. Conselho de Direção;

c. Conselho de Gestão;

d. Conselho de Projeto;

e. Conselho Administrativo.

Secção I
Conselho de Pais/Encarregados de Educação

Artigo 15º
Conselho de Pais/Encarregados de Educação

O Conselho de Pais/Encarregados de Educação é a fonte principal de legitimação do Projeto e o órgão de apelo para a resolução dos problemas que não encontrem solução nos demais patamares de decisão da Escola.

Artigo 16º
Composição e Funcionamento

1. O Conselho de Pais/Encarregados de Educação é constituído pelos Encarregados de Educação de todos os alunos matriculados na Escola.

2. Cada aluno é representado no Conselho pelo Encarregado de Educação indicado no respectivo boletim de matrícula, o qual, para o efeito, não poderá fazer-se substituir.

3. As reuniões do Conselho são convocadas e dirigidas pelo Coordenador Geral do Projeto ou, no seu impedimento, pelo Presidente do Conselho de Gestão.

§ único — As reuniões do Conselho são convocadas com uma antecedência mínima de cinco dias úteis, nos termos do respectivo Regimento.

4. Os Orientadores Educativos podem participar e intervir nas reuniões do Conselho.

5. Nas reuniões do Conselho, só os Encarregados de Educação têm direito de voto.

Artigo 17º
Quórum

1. As decisões do Conselho só serão válidas e vinculativas para os demais órgãos se forem tomadas por maioria simples de votos em reuniões nas quais participem e estejam presentes no momento das votações, pelo menos, dois terços dos Encarregados de Educação com direito de voto ou por cinquenta por cento mais um da totalidade dos encarregados de educação com direito de voto.

2. Desde que regularmente constituído, o Conselho só poderá tomar decisões vinculativas sobre os assuntos formalmente inscritos na agenda e nos termos do respectivo Regimento.

Secção II
Conselho de Direção

Artigo 18º
Conselho de Direção

O Conselho de Direção é o órgão responsável pela definição das grandes linhas orientadoras da actividade da escola.

Artigo 19º
Composição

1. O Conselho de Direção é constituído por treze elementos, a saber:
   a. Três representantes dos Encarregados de Educação;
   b. O Presidente da Direção da Associação de Pais;
   c. Um representante da autarquia;
   d. Um representante das actividades culturais ou sócio-econômicas locais;
   e. Os cinco elementos que constituem o Conselho de Gestão;
   f. O chefe dos serviços administrativos;
   g. Um elemento da comunidade científica.
2. O presidente da Mesa da Assembleia de Alunos participa sem direito de voto nas reuniões do Conselho de Direção, sempre que o desejar ou for para tal formalmente convidado.

Artigo 20º
Designação dos Representantes

1. Os representantes dos Encarregados de Educação são eleitos em cada Núcleo de Projeto, nos termos do respectivo Regimento.
2. O representante das actividades culturais ou sócio-econômicas locais e o elemento da comunidade científica são cooptados pelos restantes elementos.

ESCOLA DA PONTE

Artigo 21º
Eleição do Presidente

1. O Presidente do Conselho de Direção será necessariamente um dos Encarregados de Educação, devendo a sua eleição ocorrer na primeira reunião anual do órgão, a realizar até ao final do mês de Setembro.
2. O Presidente da Direção da Associação de Pais não poderá acumular as funções de Presidente do Conselho de Direção.

Artigo 22º
Duração dos mandatos

1. O mandato dos representantes dos Encarregados de Educação de cada Núcleo de Projeto, do representante das actividades culturais ou socio-econômicas locais e o elemento da comunidade científica tem a duração de um ano lectivo.
2. Os membros do Conselho de Direção são substituídos no exercício do cargo sempre que perderem a qualidade que determinou a sua eleição ou designação.

§ único — No caso de um dos representantes dos encarregados de educação perder a sua qualidade, por mudança de Núcleo do seu educando, este manter-se-á em funções até ao final do mandato.

3. As vagas resultantes da cessação do mandato de qualquer membro do órgão são preenchidas nos termos do respectivo Regimento.

Artigo 23º
Competências

1. É da competência do Conselho de Direção:
   a. Elaborar e aprovar o respectivo Regimento;
   b. Eleger o seu presidente, nos termos do artigo 16º;
   c. Nomear o Gestor do Conselho de Gestão e aprovar o Regulamento do respectivo concurso de admissão;
   d. Ratificar a designação do Coordenador Geral do Projeto e dos Co-ordenadores dos Núcleos de Projeto e aprovar a substituição dos mesmos;

e. Aprovar as alterações ao Projeto Educativo e acompanhar e avaliar a sua execução;

f. Aprovar as alterações ao Regulamento Interno da Escola;

g. Emitir pareceres sobre as actividades desenvolvidas, verificando a sua conformidade com o Projeto Educativo;

h. Apreciar as informações e os relatórios apresentados pelo Conselho de Gestão;

i. Aprovar propostas de contrato de autonomia;

j. Definir as linhas orientadoras para a elaboração do orçamento da Escola;

k. Apreciar o relatório de contas de gerência;

l. Apreciar os resultados dos processos de avaliação da Escola;

m. Promover e incentivar o relacionamento com a comunidade envolvente;

n. Requerer ao Coordenador Geral do Projeto a convocatória do Conselho de Pais/ Encarregados de Educação.

Artigo 24º
Funcionamento

1. O Conselho de Direção reúne ordinariamente uma vez por trimestre.

2. Pode reunir extraordinariamente:

    a. Sempre que seja convocado pelo respectivo Presidente;

    b. A requerimento de um terço dos seus membros em efectividade de funções.

Secção III
Conselho de Gestão

Artigo 25º
Conselho de Gestão

O Conselho de Gestão é o órgão responsável pela gestão de toda actividade da escola, tendo em conta as directivas emanadas do Conselho de Direção e em desejável sintonia com o Conselho de Projeto, nos termos do presente Regulamento.

Artigo 26°
Composição

1. O Conselho de Gestão é um órgão colegial constituído por cinco elementos, a saber:
   a. Um Gestor, que preside ao órgão;
   b. O Coordenador Geral do Projeto;
   c. Os Coordenadores dos Núcleos de Projeto.
2. Na primeira reunião do Conselho de Gestão após a sua tomada de posse, o Gestor nomeará um dos membros do Conselho de Gestão que o substituirá em caso de ausência.

§ único — Nenhum dos elementos do Conselho de Gestão poderá acumular as suas funções com as de Coordenação de Dimensão.

Artigo 27°
Competências

1. Compete ao Conselho de Gestão elaborar e submeter à aprovação do Conselho de Direção:
   a. As propostas de alteração ao Regulamento Interno da Escola;
   b. As propostas de contratos de autonomia a celebrar com a administração educativa;
   c. O regime de funcionamento da escola;
   d. As propostas de protocolos de colaboração ou associação a celebrar com outras instituições.
2. No plano da gestão pedagógica, cultural, administrativa, financeira e patrimonial, compete ao Conselho de Gestão:
   a. Elaborar e aprovar o seu Regimento;
   b. Representar a Escola;
   c. Assegurar o correcto funcionamento dos Núcleos de Projeto, garantindo a articulação das suas actividades nos planos funcional e curricular;
   d. Elaborar e aprovar o projeto de orçamento anual, em conformidade com as linhas orientadoras definidas pelo Conselho de Direção;
   e. Planear e assegurar a execução das actividades no domínio da acção social escolar;

f. Supervisionar a organização e realização das atividades de enriquecimento curricular ou de tempos livres;

g. Superintender na gestão de instalações, espaços, equipamentos e outros recursos educativos;

h. Definir os requisitos para a contratação de pessoal docente e não docente, nos termos do contrato de autonomia e com observância das normas aplicáveis do presente Regulamento;

i. Proceder à seleção do pessoal docente e não docente da Escola;

j. Proceder à abertura de concurso para a admissão do Gestor;

k. Proceder à avaliação do pessoal docente (nos termos do modelo anexo — Anexo V) e não docente;

l. Exercer o poder disciplinar em relação aos alunos;

m. Exercer o poder hierárquico relativamente ao pessoal docente e não docente;

n. Proceder à atribuição das Responsabilidades ouvidos os alunos e os orientadores educativos.

3. O Regimento do Conselho de Gestão fixará, no respeito das orientações consagradas no presente Regulamento, as funções e competências a atribuir a cada um dos seus membros.

Artigo 28°
Designação e Recrutamento do Gestor

1. O Gestor é escolhido mediante concurso público, organizado e supervisionado pelo Conselho de Direção.

2. Em tudo o que respeitar ao recrutamento do Gestor, deverá ser respeitado o estipulado pelo Decreto Lei n. 75/ 2008 de 22 de Abril, artigos 21° (exceptuando o ponto 5), 22°, 23°, 24° (exceptuando os pontos 2 e 3), 25° (exceptuando os pontos 1, 8 e 9), 26°, 27°, 28° e 29°, devendo-se ler *"Conselho de Direção"* onde se lê *"Conselho Geral"* e *"Gestor"* onde se lê *"Diretor"*.

3. O regulamento do concurso definirá o perfil do Gestor e, concomitantemente, especificará os critérios de valoração do currículo dos candidatos, de acordo com as orientações expressas no Regimento do Conselho de Gestão.

Artigo 29º
Coordenador Geral do Projeto

1. O Coordenador Geral do Projeto é o principal promotor e garante da articulação do trabalho dos Núcleos e dos respectivos coordenadores.
2. O Coordenador Geral do Projeto é:
   a. Eleito pelo Conselho de Projeto e ratificado pelo Conselho de Direção;
   b. No caso de o Conselho de Direção não ratificar a eleição do Coordenador Geral, o Conselho de Projeto deverá proceder a nova eleição. Caso a escolha recaia sobre o mesmo Orientador Educativo, caberá ao Conselho de Pais/Encarregados de Educação a sua ratificação;
   c. No caso de o Conselho de Pais/Encarregados de Educação não o ratificar, o Conselho de Projeto deverá proceder à eleição de outro Orientador Educativo, retomando-se o previsto no ponto 2.
3. Incumbe prioritariamente ao Coordenador Geral do Projeto:
   a. Coordenar o Conselho de Projeto;
   b. Promover a articulação das actividades dos Núcleos nos planos funcional e curricular;
   c. Propor o modelo de avaliação interna da Escola e promover e coordenar a operacionalização do mesmo;
   d. Propor as estratégias de formação contínua dos profissionais de educação da Escola e assegurar a concretização das mesmas;
   e. Convocar e dirigir as reuniões do Conselho de Pais/Encarregados de Educação.

Artigo 30º
Designação e Recrutamento dos
Coordenadores de Núcleo de Projeto

1. Os Coordenadores de Núcleo são escolhidos pelo Conselho de Projeto e ratificados pelo Conselho de Direção.
2. Os Coordenadores de Núcleo têm de ser, obrigatoriamente, Orientadores Educativos com, pelo menos, um ano de experiência no Projeto e no Núcleo a que se candidatam, aplicando-se à sua ratificação o previsto no ponto 2, do artigo 7º, com as devidas adaptações.
3. Compete a cada Coordenador de Núcleo de Projeto:

a. Coordenar a actividade da equipa de Orientadores Educativos do Núcleo;

b. Proceder à atribuição das tutorias;

c. Incentivar e favorecer a integração curricular e o trabalho inter e transdisciplinar;

d. Concorrer, em sintonia de esforços com o Coordenador Geral do Projeto e os demais Coordenadores, para a articulação do trabalho entre os Núcleos;

e. Apoiar, no plano da avaliação dos alunos e da informação aos Encarregados de Educação, o trabalho dos tutores.

Artigo 31º
Mandato

1. O mandato dos membros do Conselho de Gestão tem a duração do período de vigência do Contrato de Autonomia.

2. O mandato dos membros do Conselho de Gestão pode cessar:

    a. No final do ano escolar, quando assim for deliberado por mais de dois terços dos membros do Conselho de Direção, com base numa avaliação fundamentada desfavorável do desempenho do membro em causa;

    b. A todo o momento, a requerimento fundamentado do interessado dirigido ao presidente do Conselho de Direção e aprovado por mais de dois terços dos elementos do referido conselho.

3. A cessação do mandato dos Coordenadores dos Núcleos de Projeto determina a sua substituição por um outro Orientador Educativo do mesmo Núcleo, designado pelo Conselho de Projeto.

4. A cessação do mandato do Gestor determina a abertura de concurso para a admissão de um novo Gestor.

Artigo 32º
Funcionamento

O Conselho de Gestão reúne, ordinariamente, uma vez por semana e, extraordinariamente, sempre que seja convocado por iniciativa de qualquer um dos seus membros, nos termos do respectivo Regimento.

ESCOLA DA PONTE

Secção IV
Conselho de Projeto

Artigo 33º
Conselho de Projeto

O Conselho de Projeto é o órgão de coordenação e orientação pedagógica da escola.

Artigo 34º
Composição

1. O Conselho de Projeto é constituído por todos os Orientadores Educativos da Escola, qualquer que seja a sua formação ou a especificidade técnica das funções que desempenhem.
2. Nos termos do respectivo Regimento, poderão ainda fazer parte do Conselho de Projeto, designados em regime de cooptação, outros membros da comunidade escolar.
3. Sempre que necessário, poderão participar nas reuniões de Conselho de Projeto, nos termos do respectivo Regimento, representantes do pessoal não docente.
4. Sempre que necessário, poderão participar nas reuniões de Conselho de Projeto, nos termos do respectivo Regimento, alunos.

Artigo 35º
Presidência

A presidência do Conselho de Projeto é assegurada pelo Coordenador Geral de Projeto ou por quem as suas vezes fizer.

Artigo 36º
Competências

1. Ao Conselho de Projeto compete:
   a. Elaborar e aprovar propostas de alteração ao Projeto Educativo;
   b. Elaborar e aprovar o seu Regimento;
   c. Emitir parecer relativamente às propostas de Contrato de Autonomia e às alterações ao Regulamento Interno;

d. Aprovar orientações relativamente à elaboração de projetos;

e. Aprovar as estratégias de formação contínua do pessoal da Escola;

f. Aprovar orientações no âmbito da organização e gestão curriculares;

g. Definir princípios gerais nos domínios da articulação e diversificação curriculares, dos apoios e complementos educativos e das modalidades especiais ou supletivas de educação escolar;

h. Escolher e elaborar os suportes de trabalho dos seus alunos;

i. Incentivar e apoiar iniciativas de índole formativa e cultural;

j. Proceder ao acompanhamento e avaliação da execução das suas deliberações e recomendações;

k. Promover e facilitar a articulação curricular dos Núcleos de Projeto nos planos horizontal e transversal.

Artigo 37º
Funcionamento

1. O Conselho de Projeto reúne, ordinariamente, duas vezes por trimestre.

2. O Conselho de Projeto pode reunir extraordinariamente a requerimento de dois terços dos seus membros em efectividade de funções ou do Conselho de Gestão, nos termos do respectivo Regimento.

Secção V
Conselho Administrativo

Artigo 38º

O Conselho Administrativo é o órgão de administração e gestão da Escola com competência deliberativa em matéria administrativo-financeira.

Artigo 39º
Composição

1. O Conselho Administrativo é constituído:

a. Pelo Gestor do Conselho de Gestão;

b. Por um elemento do Conselho de Gestão que não o seu substituto definido no ponto 2 do artigo 26º;

c. Pelo Chefe dos Serviços de Administração Escolar.

ESCOLA DA PONTE

Artigo 40º
Competências

1. Compete ao Conselho Administrativo:

   a. Elaborar e aprovar o seu Regimento;

   b. Aprovar o projeto de orçamento anual da Escola, em conformidade com as linhas orientadoras estabelecidas pelo Conselho de Direção;

   c. Elaborar o relatório de contas de gerência;

   d. Autorizar a realização de despesas e respectivo pagamento, fiscalizar a cobrança de receitas e verificar a legalidade da gestão financeira da escola;

   e. Zelar pela atualização do cadastro patrimonial da escola.

Artigo 41º
Funcionamento

1. O Conselho Administrativo reúne, ordinariamente, uma vez por mês.

2. O Conselho Administrativo pode reunir extraordinariamente, nos termos do respectivo Regimento.

Capítulo V
Direitos e Deveres

Artigo 42º
Direitos e Deveres dos Alunos

1. Os direitos e os deveres dos alunos são todos aqueles que decorrem:

   a. Do Projeto Educativo e Regulamento Interno da Escola;

   b. Da Lei n. 3/2008, de 18 de Janeiro (Estatuto do Aluno do Ensino não Superior) e demais legislação atinente.

2. O código de direitos e deveres será, todos os anos, refletido e aprovado pelos alunos, no âmbito da respectiva Assembleia.

Artigo 43º
Direitos e Deveres dos Pais/Encarregados de Educação

1. Os direitos e os deveres dos pais/encarregados de educação são todos aqueles que decorrem:

a. Do Projeto Educativo e Regulamento Interno da Escola;

b. Da responsabilidade de participação nos órgãos da Escola;

c. De toda a legislação aplicável.

2. Os pais/encarregados de educação que desejem matricular na Escola os seus educandos comprometer-se-ão, formalmente, a respeitar e a fazer cumprir o Projeto Educativo e o Regulamento Interno da Escola, reconduzindo a estes documentos as demais normas atinentes que não se adeqúem à especificidade da organização e das práticas educativas da Escola.

3. Os pais/encarregados de educação que desejarem consultar o processo individual do seu educando terão que o fazer na presença do respectivo professor Tutor e no horário de expediente da secretaria da Escola.

Artigo 44º
Direitos e Deveres dos Orientadores Educativos

1. Os direitos e os deveres dos Orientadores Educativos são todos aqueles que decorrem:

a. Do Projeto Educativo da Escola;

b. Da responsabilidade de participação nos órgãos e estruturas da Escola;

c. Do perfil do Orientador Educativo da Escola, apenso ao Projeto Educativo.

2. Os Orientadores Educativos comprometer-se-ão, formalmente, a cumprir e a fazer cumprir o Projeto Educativo e o Regulamento Interno da Escola, reconduzindo a estes documentos as normas atinentes do Estatuto da Carreira Docente e demais legislação aplicável que não se adeqúem à especificidade da organização e das práticas educativas da Escola.

Capítulo VI
Disposições Transitórias

Artigo 45º
Entrada em Vigor e Aplicação do Regulamento Interno

1. O presente Regulamento Interno entrará em vigor após a respectiva homologação.

LEIA TAMBÉM

▶ ORGANIZAÇÃO ESCOLAR E DEMOCRACIA RADICAL
Paulo Freire e a governação democrática da escola pública

Licínio C. Lima

5ª ed. (2013)

128 páginas

ISBN 978-85-249-2014-1

Neste estudo, Licínio C. Lima apresenta uma caracterização de alguns elementos estruturantes das concepções de democracia radical, de organização e de participação como práticas de liberdade, presentes em diversos trabalhos de Paulo Freire e por ele mais requisitados nas suas propostas político-pedagógicas, desde as suas primeiras obras. Através de referências bibliográficas e documentais, o autor oferece-nos uma excelente seleção da obra de Paulo Freire, assim como de outros autores que constituem um referencial fundamental para ler e dialogar sobre Freire e sua obra.

LEIA TAMBÉM

▶ INDISCIPLINA E DISCIPLINA ESCOLAR
Fundamentos para o trabalho docente

Celso dos Santos Vasconcellos

1ª ed. - 4ª reimp. (2015)

304 páginas

ISBN 978-85-249-1552-9

Na formação inicial, nem sempre a indisciplina tem tido um tratamento adequado e, ao mesmo tempo, a disciplina tem sido uma das maiores reivindicações dos professores para a formação continuada. Celso Vasconcellos, um dos grandes nomes da área de Educação, por meio de uma abordagem da situação atual da disciplina na escola e na sociedade, busca através desta obra a compreensão de seus condicionantes. Detém-se na construção de uma concepção de disciplina, e trabalha algumas perspectivas de intervenção para a sua construção na escola. O livro traz também interconexões com um amplo leque de temas, tais como: o sentido da atividade docente e discente, limites e possibilidades educativas, comportamento, convivência escolar, construção da autonomia, autoridade pedagógica, didática, ética, entre outros.

LEIA TAMBÉM

AVALIAÇÃO DA APRENDIZAGEM
componente do ato pedagógico

Cipriano Carlos Luckesi

1ª ed. - 5ª reimp. (2015)

272 páginas

ISBN 978-85-249-1657-1

Aos que se preparam para atuar profissionalmente como educadores nas instituições escolares de nosso país e do exterior, assim como aos que já trabalham como educadores, o presente livro oferece subsídios para melhor compreender o ato de avaliar a aprendizagem dos nossos educados e, dessa forma, orientar uma prática mais adequada às suas finalidades. No decorrer de suas páginas há um movimento constante entre a denúncia de uma situação inadequada e o anúncio de novas possibilidades, uma dialética entre a desconstrução e a reconstrução de conceitos e modos de agir. O desejo implícito presente neste texto é de que nós, educadores e futuros educadores, nos aproximemos cada vez mais da possibilidade de fazer da avaliação nossa aliada na busca do sucesso na arte de ensinar e de aprender. Necessitamos dela nessa condição.